Elon Musk
Le bonimenteur

Du même auteur

Portable : la face cachée des ados, Flammarion, 2017.

Boris Manenti

Elon Musk

Le bonimenteur

éditions du
ROCHER

Éditions du Rocher
28, rue Comte-Félix-Gastaldi – BP 521 – 98015 Monaco

www.editionsdurocher.fr

ISBN : 978-2-268-11049-3
EAN Epub : 9782268110745

À ma femme Camille,
et à ma fille Alice.

Introduction

Tout a changé en octobre 2022. Elon Musk, soit l'homme le plus riche du monde (avec une fortune estimée alors à 210 milliards de dollars, d'après l'agence Bloomberg) et toujours amplement perçu comme l'entrepreneur à succès qui a tour à tour révolutionné le paiement sur internet, la voiture électrique et la conquête spatiale, est apparu sous un visage bien plus trouble. Ce mercredi 26 octobre, en milieu de matinée, l'air est frais à San Francisco, mais Musk tient à s'afficher en tee-shirt lorsqu'il pénètre dans les locaux du réseau social Twitter, un évier dans les bras. L'homme tient à son entrée fracassante, alors qu'il vient tout juste de boucler le rachat de l'entreprise californienne pour 44 milliards de dollars. Pour l'occasion, il entend se jouer des codes d'internet avec cette blague qu'il partage immédiatement justement avec ses 110 millions d'abonnés sur la plate-forme: « *Entering Twitter HQ – let that sink in*[1]*!* » – référence à l'expression anglaise « *let that sink in* », populaire sur le

1. Elon Musk, message sur Twitter/X.com, 26 octobre 2022 *https://twitter.com/elonmusk/status/1585341984679469056*

web avec des photomontages d'éviers (« *sinks* »). La mise en scène est maladroite, pour ne pas dire lourdingue, et la blague se révèle bien douteuse pour un patron de cet acabit. D'autant plus lorsque, dans la foulée, il se comporte en caïd méprisant qui va licencier sans états d'âme plus de la moitié des 7 500 salariés de Twitter – sans considération pour le fonctionnement de l'entreprise menacée par ses décisions. Avant de se nommer « *techno-king* » puis P.-D.G., de multiplier les décisions erratiques, d'amplifier la visibilité de l'extrême droite et des théoriciens du complot sur le réseau, et, pire que tout dans le monde des affaires, de s'engager dans une gestion économique désastreuse.

Cela fait déjà plusieurs mois que je m'intéresse à Elon Musk, à la réalité derrière le personnage, à la vérité masquée par ses discours grandiloquents et son storytelling affûté. Ce moment marque un réel tournant. Jusqu'alors, poser des questions sur le grand patron, c'était enregistrer une montagne de refus, aussi bien aux États-Unis qu'en France, en passant par son Afrique du Sud natale et le Canada où il a étudié. Il y a par exemple le courtois : « Je suis sûr que vous trouverez d'autres personnes qui le connaissent mieux que moi » de la part d'un cofondateur de PayPal. Mais aussi le plus sec : « Je ne ferai pas de commentaire, même en off », d'un très proche lieutenant chez Tesla, son constructeur automobile. Sans compter les innombrables « Je n'ai pas le temps » de pontes de SpaceX, sa société de conquête spatiale. Les intimes éludent, embarrassés. Son tout premier patron au Canada s'excuse : « Désolé, j'en ai déjà trop dit dans différents articles et livres. » Tandis que son meilleur ami de l'université rechigne : « Vous devez lui demander la permission avant que je puisse vous parler. » Évidemment, l'intéressé ne répond pas. Contacté par plusieurs canaux, il n'a pas répondu à mes sollicitations. Il faut dire qu'il se montre notoirement critique, façon conspiration organisée, envers les journalistes. Et croit peu aux vertus de la communication auprès de la presse – dans la plupart de ses entreprises, aucun service n'est dédié à la presse, et celui de Twitter a par exemple été remplacé par un robot qui répond automatiquement à toute demande par un symbole en forme de crotte[2]. L'intéressé de commenter[3] : « Je ne lis plus la propagande des médias traditionnels. [Je préfère] recevoir mes informations X [nouveau nom de Twitter] – c'est tellement mieux ! » Avant de relayer[4] une photo où il se présente en bouledogue américain posant ses testicules sur la tête des « médias ». Classe.

Finalement, ceux qui connaissent Elon Musk, aussi bien intimement que professionnellement, sont partagés entre la fascination pour ce qu'il a accompli et la peur que suscite son pouvoir. C'était vrai avant le rachat de Twitter, ça l'est tout autant ensuite. La différence réelle est la capacité à assumer des propos critiques. Auparavant, le « *off-the-record* », qui consiste ne pas attribuer des propos à leurs auteurs, était la norme. Les détracteurs du patron étaient bien rares à assumer publiquement des critiques, par crainte d'être poursuivis en justice ou qu'il n'interfère

2. Juste avant l'édition de ce livre, la réponse automatique de l'emoji crotte a été remplacée par un plus poli « *Occupé pour l'instant, réessayez plus tard.* »
3. Elon Musk, message sur Twitter/X.com, 29 septembre 2023 *https://twitter.com/elonmusk/status/1707860072595083623.*
4. Elon Musk, message sur Twitter/X.com, 2 octobre 2023 *https://twitter.com/elonmusk/status/1708659464608403942.*

dans leur carrière. Les langues se sont quelque peu déliées, faisant émerger des débuts d'accusation. Mais l'atmosphère n'est toujours pas sereine. Si le magnat a le procès facile, il a encore plus tendance à enrager sa horde de fans sur les réseaux sociaux pour qu'ils harcèlent une cible – il suffit de voir comment il accuse régulièrement des journalistes de faire « de la propagande » pour engager la machine à cyberharceler. Reste que le multientrepreneur, tant vanté comme l'incarnation du super-héros Iron Man, dont la seule ambition serait de sauver le monde, encore récemment célébré comme « innovateur, entrepreneur et visionnaire », est tombé de son piédestal. Parce qu'est apparu – du moins en partie – son vrai visage, son ambition véritable, son projet. Et il ne s'agit pas de défendre l'humanité, mais bien de politique. Dans une Amérique plus divisée que jamais après la présidence de Donald Trump (2017-2021), Musk s'inscrit clairement dans le camp des conservateurs, tendance extrême droite complotiste. Et il est prêt à débourser des milliards de dollars pour modeler le monde tel qu'il l'ambitionne.

Parce que c'est bien d'ambition qu'il s'agit. Le multimilliardaire n'a de cesse d'écrire et de réécrire sa propre histoire, pour mieux y plaquer tous les mythes du monde moderne, pour mieux séduire son auditoire, quitte à perdre de vue la réalité. Quitte à multiplier les mensonges éhontés surtout. Il y a les petits arrangements anodins avec son CV (il assure avoir quitté Stanford après deux jours alors qu'il n'a jamais finalisé son inscription). Il y a la manière dont il brode son récit de self-made-man, jusqu'à tomber dans la caricature du jeune ambitieux sans le sou qui atteint ses objectifs à la sueur de son front, sans jamais l'aide de personne. Il y a aussi la tartuferie évidente (comme lorsqu'il promet une Tesla dotée « de dix petits propulseurs de fusée » permettant au véhicule de « voler »). Mais il y a surtout de la manipulation, pour son plus grand intérêt, surtout financier. Comme lorsqu'il dope artificiellement le cours de l'action Tesla en annonçant son retrait de la Bourse, alors qu'il n'en est rien. Comme toutes les fois où il a promis de ne plus vendre d'actions Tesla (rassurant ainsi les investisseurs sur l'avenir du cours) juste avant d'en écouler par paquets. Comme lorsqu'il s'engage à conserver ses Bitcoins (rassurant sur l'évolution de la cryptomonnaie, au cours particulièrement volatile) peu avant que Tesla ne revende trois quarts de ses investissements en la matière (plombant de manière durable le cours).

Elon Musk a bâti un empire économique en multipliant les mensonges, les illusions et les tromperies. Mais jamais il ne s'encombre de cette réalité. Seule compte sa prochaine fable, sa prochaine promesse, relayée dans tous les médias et décortiquée comme avenir pour l'humanité. Parce que c'est comme ça qu'il se perçoit : en héros conquérant. Le plus grand du monde moderne. En héraut de l'industrie et de la Net-économie, de la finance et de l'argent, du strass et des paillettes, d'internet et de la pop culture et, *in fine,* de la conquête spatiale. Il manie son storytelling singulier, se jouant du peu de répondant, pour mieux s'imposer dans tous les domaines et peu à peu étendre son emprise, jusqu'à devenir le maître de tout le monde connu, voire au-delà et partir à l'assaut des autres planètes. Musk se voit comme l'incarnation nouvelle d'Alexandre le Grand.

La comparaison circule chez ses proches, et lui-même peut, dans l'intimité, s'en revendiquer – il a d'ailleurs donné « Alexander » comme second prénom à ses deux premiers enfants, façon hommage. Si le parallèle amuse le petit cercle, il révèle surtout l'*hubris* du personnage. Alexandre le Grand, héritier du royaume de Macédoine et formé par Aristote, s'est livré, entre 334 et 323 av. J.-C., à une vaste conquête vers l'Orient, créant l'un des plus grands empires de l'Histoire. Sauf que celui-ci ne tenait que grâce à la forte personnalité du roi, persuadé d'être le fils de Zeus, et, à sa mort, l'ensemble s'est morcelé et a ouvert une longue période de troubles. Si les Lumières voyaient en Alexandre l'auteur d'« une grande révolution » qui a « changé la face du commerce » mondial, d'autres analyses décrivent un despote caractérisé par la soif de conquêtes, sur un modèle qui servira l'Europe coloniale. Une description dont Musk est familière, lui qui a dévoré *Twelve against the Gods*[5] où est comparé à un incendie celui qui a balayé le monde méditerranéen – « Le Feu est un bon mot pour Alexandre, qui a vécu comme le Feu, s'est battu comme le Feu, et est mort jeune, épuisé. » L'arrogance a signé la chute d'Alexandre le Grand. Signera-t-elle celle d'Elon Musk ? En réalité, le patron pense pouvoir faire mieux que lui. Conquérir aussi bien l'industrie automobile que spatiale, internet que l'intelligence artificielle, les milieux financiers que la politique, sur Terre comme sur Mars… La démesure est totale. La désillusion le sera aussi. En ce sens, Musk évoque volontiers Dr. Jekyll

5. William Bolitho, *Twelve against the Gods*, Heinemann, 1930, non traduit.

et Mr. Hyde[6], dans ce tiraillement entre bien et mal et dans la dissociation de personnalité. À la fin de la nouvelle, le personnage de Henry Jekyll confesse: « J'ose avancer l'hypothèse que l'on découvrira finalement que l'homme est formé d'une véritable confédération de citoyens multiformes, hétérogènes et indépendants. » Une description adaptée au cheminement emprunté par Elon Musk. Et, quand on se souvient que le livre de 1886 se conclut sur la disparition de Jekyll au profit du seul Hyde, on ne peut que plaindre les choix du milliardaire.

6. Robert Louis Stevenson, *L'étrange cas du Dr. Jekyll et de Mr. Hyde*, J'ai Lu, 1930.

Le faux persécuté

« *Je n'ai pas eu une bonne enfance. C'était comme un supplice.* [Mon père] *s'entend à vous gâcher la vie, c'est sûr. Il peut rendre pénible n'importe quelle situation, si bonne soit-elle.* »

Elon Musk à Ashlee Vance, 2015

Ça y est, il l'a, sa biographie officielle, signée par Walter Isaacson. L'ancien patron de CNN et de *Time* est l'auteur incontournable des hagiographies de référence, de Benjamin Franklin à Albert Einstein, en passant par Léonard de Vinci et Steve Jobs. Sur la couverture, Elon Musk apparaît sur fond noir, regard céruléen perçant, visage lisse, presque juvénile pour ce quinqua, cheveux ras. Ses mains sont jointes, tel un remerciement au chroniqueur de sa vie. Parce que cette biographie le sert. Elle s'approprie comme thèse principale un scénario largement éculé par Hollywood : Musk n'est pas seulement le patron multimilliardaire de Tesla, SpaceX et Twitter/X.com, parfois décrit sans empathie, mais bien un prophète en mission pour changer le monde et élever l'humanité. Et qui demeure, dans le fond, un petit garçon meurtri. Aussi, s'il lui arrive d'être brutal, tyrannique, impulsif ou erratique, c'est simplement parce qu'il a grandi avec un père abusif dans le contexte violent de l'Afrique du Sud en plein *apartheid*. Pas une tragédie grecque, plutôt un parallèle bancal avec la trilogie originale de *Star Wars*, avec Elon Musk en « fils [chargé] d'exorciser les démons que Dark Vador lui a laissés en héritage et de lutter contre le côté obscur de la Force ». Le magnat serait-il l'Élu qui « ramènera l'équilibre » dans le monde ? Et Isaacson d'appuyer sa fadaise : « Parfois les grands innovateurs sont des hommes-enfants et des têtes brûlées qui résistent à l'apprentissage de la propreté. Ils peuvent se montrer imprudents, embarrassants, parfois même toxiques. Ils peuvent aussi se montrer fous. Assez fous pour penser qu'ils peuvent changer le monde. »

Voilà donc la justification des comportements les plus odieux du magnat : une enfance traumatique. Sauf qu'il s'agit là d'une construction, celle d'un récit personnel que l'homme soigne depuis plusieurs années afin de répondre à tous les canons du self-made-man américain. S'il est aisé d'accoler l'étiquette de « geek » à Elon Musk, il convient d'insister sur sa passion pour la lecture. De science-fiction certes, mais aussi de biographies. « Il n'allait jamais nulle part sans un livre à la main, partage[1] son oncle, Scott Haldeman, chez qui il a vécu quelques mois à la fin des années 1980. Il lisait tout le temps. C'étaient des livres sur l'avenir et sur le succès... » L'intéressé a longtemps cité les œuvres d'Isaacson sur Franklin et Einstein comme

1. Amit Katwala, *Wired*, 2018, *https://www.wired.co.uk/article/whats-driving-elon-musk*.

sources d'inspiration[2]. Il s'est approprié les récits de vie de ces « grands noms » de l'Histoire tels des manuels, afin de bâtir son chemin, ou plutôt d'affiner le narratif de sa réussite. Et la première étape est cette enfance difficile. À son premier biographe, le journaliste sud-africain de Bloomberg, Ashlee Vance, il raconte[3] : « À l'école, j'étais pourchassé par une bande qui voulait me massacrer. Pendant plusieurs années, je n'ai eu aucun répit. Et quand je rentrais à la maison, c'était tout aussi moche. C'était horrible en permanence. » Les mots sont soigneusement choisis pour mieux sonner comme la confession rare d'un grand patron blessé. « Celui qui n'a jamais pris de coup de poing dans la gueule ne peut pas comprendre en quoi ça vous affecte pour le reste de votre vie », raconte-t-il de nouveau à Walter Isaacson[4].

Violenté

Dans ce récit des blessures, tant physiques qu'émotionnelles, Elon Musk en veut surtout à son père, Errol. « Je n'ai pas eu une bonne enfance, résume-t-il à Vance. C'était comme un supplice. [Mon père] s'entend à vous gâcher la vie, c'est sûr. Il peut rendre pénible n'importe quelle situation, si bonne soit-elle. » Et son frère cadet, Kimbal, d'appuyer : « C'était une éducation psychologiquement très difficile. » Errol Musk, 78 ans, est un homme

---

2. Kevin Rose, YouTube, 2012, *https://www.youtube.com/watch? v=L-s_3b5fRd8*.
3. Ashlee Vance, *Elon Musk, l'entrepreneur qui va changer le monde*, Eyrolles, 2015.
4. Walter Isaacson, *Elon Musk*, Fayard, 2023.

affable. Il affiche constamment un large sourire et fixe son interlocuteur d'un regard bleu glace perçant. Toujours bien habillé, toujours bien peigné, il a des allures de dandy. Bien vite, on comprend qu'il s'agit d'un charmeur, quelqu'un de constamment dans la séduction. Bien plus que ne l'est son fils Elon. Voilà peut-être leur seule différence. Parce que, sinon, tout rapproche les deux hommes. Ils ont les mêmes traits – si ce n'est qu'Elon est plus grand et plus carré d'épaules –, ils ont la même diction – assez hachée, dans un anglais à l'accent plus américain que sud-africain –, ils ont les mêmes gestuelles et postures. Un proverbe sud-africain veut que l'« on est plus le fils de son époque que le fils de son père ». Ce n'est pas vrai pour Elon Musk. L'enfant semble plutôt avoir été mû par cet autre dicton du continent africain : « Qui suit les traces de son père apprend à marcher comme lui. » La passion d'Elon Musk pour la mécanique, par exemple, lui a été transmise par son géniteur. Toute la famille Musk s'accorde à dire qu'Errol était un ingénieur de talent, qui exerçait aussi bien sur de grands projets (immeubles de bureaux, centres commerciaux, base aérienne...) que sur de nombreux chantiers « risqués », flirtant régulièrement avec l'illégalité.

Au rayon de la transmission, il y a aussi ce franc-parler, cette propension à systématiquement promettre une forme de « sincérité », voire de « vérité » dans le discours. Errol Musk semble avoir encouragé chez son rejeton ce trait de caractère, quitte à tendre vers l'impolitesse, voire la goujaterie. Il raconte ainsi avec tendresse à l'AFP[5] : « Un jour, Elon a annoncé que, quand il serait

5. Agence France Presse, 2022.

grand, il serait millionnaire. En face, un adulte hilare a dit que le petit risquait d'être déçu. Elon lui a répondu : "Bah moi je pense que tu es bête." C'est du Elon typique ! C'est sa nature de dire aux gens leurs quatre vérités. » On peut aussi rapprocher les deux hommes par leurs opinions politiques – les deux hommes ont soutenu Donald Trump, et vertement critiqué les démocrates américains – et leur tendance à embrasser des thèses complotistes. Sans parler de leur misogynie latente – Errol considère par exemple qu'il y a une sorte de hiérarchie naturelle, avec les hommes en haut, tandis qu'Elon multiplie les « blagues » potaches sexistes. Demeure la question de la violence dans l'éducation. À l'AFP, Errol Musk admet avoir été « un père strict [...] ma parole faisait loi[6] ». Et dresse un parallèle avec son propre père, un sergent de l'armée sud-africaine totalement fermé : « Je repense toujours à comment j'étais avec mon propre père. C'était un militaire, on se parlait peu. Lors du déjeuner dominical, je disais "Bonjour papa", et il partait faire ses mots croisés. » Néanmoins, il assure que son fils et lui « ont de l'affection l'un pour l'autre ». Le souvenir diffère côté Elon Musk. Dans un entretien au magazine *Rolling Stone*[7], il décrit volontiers son père comme « un être humain terrible [qui] va mûrement réfléchir le mal qu'il va faire. Presque tous les crimes auxquels vous pouvez penser, il les a commis ». S'il exclut toute forme de violence physique directe à son endroit (si ce n'est une fessée petit garçon), il décrit une violence psychologique certaine et continue. Les leçons de mécanique délivrées par Errol

6. *Ibid.*
7. Neil Strauss, *Rolling Stone*, 2017, *https://www.rollingstone.com/culture/culture-features/elon-musk-the-architect-of-tomorrow-120850.*

pouvaient avoir tendance à basculer dans le sermon. Pour conclure son tableau, Elon Musk évoque le fait qu'en 1998, son père a tué trois cambrioleurs qui tentaient de pénétrer dans sa maison de Johannesburg. Toutefois, il ne mentionne pas sa mère, Maye, 76 ans. Or celle-ci a beaucoup à dire sur la violence d'Errol. Dans son autobiographie[8], cette femme grande, à la belle chevelure argent, ex-diététicienne et mannequin de renommée internationale, décrit un homme « cruel d'une manière insensée ». Et de raconter : « Il me battait. […] C'est pendant notre lune de miel qu'il m'a frappée pour la première fois. […] Peu après, j'ai commencé à avoir des nausées matinales et j'ai réalisé que j'étais enceinte. […] Il m'a menacée : si je divorçais, il me lacérerait le visage avec des lames de rasoir, il tirerait dans les genoux des enfants pour que j'ai trois infirmes à élever et je ne pourrais plus travailler comme mannequin. J'étais terrifiée. […] J'ai eu peur de mon mari pendant toute la durée de notre mariage. »

Errol Musk a accepté de m'éclaircir certains points, en particulier ceux qui concernent la violence. Depuis sa résidence de Langebaan, station balnéaire de la côte occidentale de l'Afrique du Sud, l'homme assure d'entrée : « Beaucoup de choses affreuses ont été dites sur moi, mais je m'en fiche, tous ceux qui me connaissent savent que c'est faux… » Il promet de parler « franchement », mais je perçois combien il s'adapte, louvoie, pour tenter de me conquérir. Je n'oublie pas non plus que le septuagénaire aime faire les gros titres des tabloïds, notamment depuis qu'il a officialisé la naissance de deux enfants avec sa compagne

8. Maye MUSK, *Les leçons d'une vie*, Thierry Souccar, 2022.

de 42 ans sa cadette, et qui n'est autre que son ancienne belle-fille (il l'a élevée depuis ses quatre ans). Clairement, le Sud-Africain aime l'attention médiatique qui lui est portée, oubliant parfois qu'elle n'est qu'un dérivé de celle sur son fils. Il a d'ailleurs tenu une chronique régulière sur YouTube sobrement intitulée « Le père d'un génie ». À force d'insister sur la violence dans la famille Musk, il me balaie : « Jamais je n'ai été violent envers Elon. C'était un garçon sage. Même si un père se doit de préparer son enfant à la dureté de la vie. » Et à propos de son ex-femme ? « Je n'ai jamais battu Maye, c'est absurde. » Question suivante.

Difficile d'y voir clair tant tout dans les versions du père et du fils s'opposent. L'après-divorce par exemple. En 1979, alors qu'Elon Musk a huit ans, sa mère Maye acte la séparation en partant s'installer avec ses trois enfants, Elon, Kimbal et Tosca, dans leur résidence secondaire de Durban, une maison cossue sur la côte orientale de l'Afrique du Sud. Sauf que, deux ans plus tard, Elon Musk revient vivre avec son père à Pretoria (et restera avec lui jusqu'à son départ pour l'Amérique). Face à Ashlee Vance[9], l'intéressé se justifie : « Mon père avait l'air triste et solitaire, ma mère avait trois enfants et lui n'en avait aucun. Cela ne me paraissait pas juste. » À Walter Isaacson, Elon Musk confie, à demi-mot, avoir été surtout appâté par les possessions de son père, sa Rolls-Royce décapotable, ses encyclopédies, ses outils d'ingénierie…

Errol Musk relate le moment en chargeant essentiellement son ex-femme. Il me raconte : « Quand nous avons

9. Ashlee Vance, *op. cit.*

divorcé avec Maye, Elon, Kimbal et Tosca sont partis vivre avec elle dans notre maison de La Lucia. Mais elle ne s'occupait pas d'eux. Un jour, l'école m'a appelé : elle me menaçait d'envoyer l'assistance sociale pour placer les enfants parce qu'ils étaient sales, n'avaient rien à manger à la maison... Peu après cet épisode, Elon est revenu vivre avec moi. Kimbal a suivi quelque temps plus tard. » Maye Musk admet sans ambages que, dans cette période complexe, elle jongle avec les petits boulots de mannequin et de diététicienne pour maintenir la maisonnée. Quitte à laisser les trois enfants seuls, parfois plusieurs jours d'affilée, y voyant une leçon d'autonomie. « Je n'ai jamais culpabilisé de travailler sans arrêt, parce que je n'avais pas le choix, glisse-t-elle à Isaacson[10]. Mes enfants étaient obligés de se responsabiliser. » Reste que le récit quelque peu unilatéral du père maltraitant apparaît un brin plus complexe, et la famille Musk pas franchement à l'aise avec le souvenir de ces années.

Rat de bibliothèque

Aussi, lorsque lui sont réclamées des précisions, Elon Musk préfère dévier vers un autre trauma d'enfance : l'école. Pas tant les études que ses camarades. Au fil des interviews, le patron s'est glissé dans le moule vu et revu du geek brillant maltraité en classe, du cliché du passionné d'informatique dont les talents sont moqués et, par extension, de la tête de Turc de la classe qui prend sa revanche sur la vie une

10. Walter Isaacson, *op. cit.*

fois adulte. S'il s'agit évidemment d'une vision romancée, cette histoire s'appuie sur la personnalité de marginal du jeune Elon. Pour bien comprendre, il faut se replonger dans le contexte de l'Afrique du Sud durant l'*apartheid*. La ségrégation raciale entre Blancs et Noirs est actée par la loi à partir de 1948, après la prise de pouvoir par le gouvernement nationaliste, et apparaît comme le résultat de l'anxiété des Afrikaners, ces Sud-Africains blancs d'origine néerlandaise, française, allemande ou scandinave, qui ont été « obsédés par leur peur d'être engloutis par la masse des peuples noirs environnants, résume Antoine Bullier[11], professeur à l'université Panthéon-Sorbonne. Cette angoisse du peuple afrikaner fut liée à sa langue, l'afrikaans, qu'il lui avait fallu conquérir de haute lutte contre l'anglais et aussi contre le néerlandais, à son appartenance à la race blanche, au dogme calviniste de la prédestination ainsi qu'à son attachement à la terre sud-africaine. »

Elon Musk grandit dans une période de plus en plus trouble pour le pays. Dans les années 1960, le contexte de décolonisation et le massacre de Sharpeville (soixante-neuf manifestants noirs pacifiques et non armés sont tués par la police) ont durci la résistance du Congrès national africain (ANC) de Nelson Mandela et conduit à la multiplication des critiques internationales. Les tensions vont *crescendo* après le massacre de Soweto en 1976 : vingt mille lycéens manifestaient contre l'introduction de l'afrikaans comme langue co-officielle dans l'enseignement pour les Noirs, la police les a dispersés en leur tirant dessus – plusieurs centaines ont été tués. « Elon Musk vivait à Pretoria, c'était

11. Antoine BULLIER, *Apartheid : l'écriture d'une histoire 1940-1990*, Palabres, 2003.

le bastion des Afrikaners. Il a grandi dans cette mentalité que la communauté blanche était assiégée – assiégée par les Noirs et par les communistes (qui soutenaient l'ANC) – et qu'il faudrait un jour se battre pour se défendre, m'explique Gilles Teulié, professeur de civilisation britannique et du Commonwealth à l'université d'Aix-Marseille, et meilleur spécialiste français de l'Afrique du Sud[12]. À l'époque, c'était un vrai climat d'insécurité, il fallait faire attention tout le temps, les gens vivaient avec des barreaux aux fenêtres. À partir de 1986 et la promulgation de l'état d'urgence, l'armée était déployée en permanence partout. Et, même dans les familles blanches opposées à l'*apartheid*, il y avait cette idéologie latente qu'il faut se méfier des Noirs, qu'ils sont dangereux. Dans les familles afrikaners, on se racontait le mythe du "grand méchant Zoulou". »

Le *New York Times* raconte[13] combien Elon Musk évolue dans « des communautés blanches d'élite », fréquentant des établissements scolaires où l'éducation est emplie de « propagande gouvernementale anti-Noirs » et totalement « détachée des atrocités infligées à la majorité noire par les dirigeants politiques blancs ». Camarade du futur multimilliardaire, Stanley Netshituka, premier étudiant noir à être autorisé au lycée pour garçons de Pretoria en 1981 (parce que son père était diplomate), se souvient de combien « la majorité des élèves était parfaitement ignorante et heureuse d'être parfaitement ignorante ». Et que, dans tous les cas, sa classe qualifiait systématiquement les combattants de la liberté noirs

12. Il est notamment l'auteur de *L'Histoire de l'Afrique du Sud*, Tallandier, 2022.
13. John Eligon et Lynsey Chutel, *New York Times*, 2022, *https://www.nytimes.com/2022/05/05/world/africa/elon-musk-south-africa.html*.

de « terroristes ». Et le professeur Teulié de poursuivre: « Pendant l'*apartheid*, les Blancs vivaient dans une peur irrationnelle des Noirs, au point d'entraîner les jeunes garçons au combat à l'école, avec des exercices militaires, juste au cas où. Cela croise une mentalité très viriliste des Afrikaners: tous les symboles de force et de masculinité étaient glorifiés. Dans les écoles afrikaners, il était indispensable de jouer au rugby, comme si c'était une manifestation de la volonté latente de se battre. Il valait donc mieux avoir la carrure. » C'est là où le jeune Elon Musk pèche. Si aujourd'hui il apparaît carré d'épaules, du haut de son mètre quatre-vingt-quinze, à l'époque il s'avérait plus fluet que la moyenne et, par extension ou par choix, peu porté sur le sport. D'où un certain nombre de railleries envers cet enfant perçu comme marginal qui préférait la lecture au rugby. Stephen Grimmer, qui fut élève au même lycée qu'Elon Musk mais un niveau au-dessus, me raconte: « C'était une prestigieuse école afrikaner (à l'époque, avec 99 % de Blancs) dont l'ambition était d'imiter les écoles privées britanniques avec les uniformes et en concentrant les activités sur le sport comme le rugby. Le harcèlement était monnaie courante pour n'importe quel garçon un peu "différent", soit parce qu'il était étranger, académique, ou tout simplement non sportif. »

Les parents Musk racontent volontiers que, dès le plus jeune âge, leur fils dévore tous les livres qui passent. En particulier beaucoup de science-fiction – dans son panthéon figurent *Le Guide du voyageur galactique* de Douglas Adams, le *Cycle de Fondation* d'Isaac Asimov, *Révolte sur la Lune* de Robert A. Heinlein et *Le Seigneur des anneaux* de J. R. R. Tolkien. De quoi alimenter un côté rêveur, régulièrement perdu dans ses pensées, quitte à ignorer le monde qui l'entoure. « Il a toujours été un peu différent », dit sa mère Maye[14]. Et l'intéressé d'analyser ce trait comme une capacité à s'abstraire du monde, telle une machine : « La partie [de mon] cerveau habituellement réservée au traitement de la vision – celle qui sert à traiter les images provenant de mes yeux – est préemptée par les processus de réflexion internes. » Il est aussi curieux de tout, dans cette volonté enfantine d'être incollable, d'impressionner les autres par ses connaissances. Il s'enfile volontiers des encyclopédies entières. Maye Musk enjolive[15] : « Elon se souvenait de tout ce qu'il lisait. Il était toujours en train d'absorber des informations. Nous l'appelions "l'encyclopédie" parce qu'il avait lu l'*Encyclopædia Britannica* ainsi que la *Collier's Encyclopedia* […] On le qualifiait d'enfant prodige, on pouvait lui poser n'importe quelle question. » On perçoit combien ce trait s'est développé dans une mécanique de séduction parentale.

Le jeune Elon n'a pas non plus sa langue dans sa poche. Il n'hésite pas par exemple à régulièrement signifier aux adultes quand leurs propos sont « stupides ». Or la combinaison de ces deux traits de personnalité fait de lui ce gosse énervant qui sait tout sur tout et tient à le faire savoir. Ce qui laisse à la fois un souvenir taquin – à l'époque, dès que la famille Musk se pose une question, sa petite sœur Tosca rétorque « interrogeons le petit génie » – mais aussi un souvenir rance – en classe, ses camarades se moquent de lui et surnomment cet archétype du rat de bibliothèque *Rat-Musk*, « rat musqué ». La fratrie se

14. Ashlee Vance, *op. cit.*
15. *Ibid.*

souvient auprès d'*Esquire*[16] de cette période : « C'était assez difficile [de grandir] en Afrique du Sud, dit Kimbal. C'est une culture rude. Les enfants ont donné du fil à retordre à Elon, et cela a eu un impact énorme sur sa vie. » Et sa sœur d'ajouter : « Il n'y avait aucun recours. En Afrique du Sud, si vous étiez victime d'intimidation, vous deviez toujours aller à l'école. [Elon] détestait tellement ça. » L'intéressé a été particulièrement marqué par son passage au collège de Bryanston, où il assure avoir été harcelé par une bande de brutes. « Je ne sais pas pourquoi, ils m'avaient pris comme cible et ne me laissaient jamais tranquille[17]. » Jusqu'à cet événement où il a été poussé du haut d'un escalier en béton et roué de coups, notamment à la tête. Sérieusement amoché, il a été hospitalisé. En 2013, il a dû subir une opération du nez pour corriger des séquelles d'alors (« J'ai été pas mal battu quand j'étais enfant et ça m'a laissé avec un septum déchiqueté […] il est temps de le réparer[18]. »). Le jeune Elon était la tête de Turc de la classe à la fois pour sa non-conformité avec les canons du virilisme *afrikaner*, mais aussi pour son franc-parler qui pouvait parfois blesser. Comme lors de l'événement de l'escalier. Ce jour-là, il adresse un commentaire particulièrement offensant à un garçon de la bande à propos de son père qui vient de se suicider. Errol Musk se remémore : « Quand j'ai entendu ce qu'Elon avait dit, j'ai compris qu'il avait dépassé les bornes. »

---

16. Tom Junod, *Esquire*, 2012, *https://www.esquire.com/news-politics/a16681/elon-musk-interview-1212/*.
17. Ashlee Vance, *op. cit.*
18. Elon Musk, message sur Twitter/X.com, 25 mai 2013, *https://twitter.com/elonmusk/status/338135523765919745*.

Après l'incident, Errol a fait entrer son fils dans le prestigieux lycée pour garçons de Pretoria, un campus tentaculaire digne d'un décor de *Harry Potter*, avec des bâtiments de style néobritannique, une forêt de sapins et un large étang. S'il a continué à subir quelques moqueries çà et là, elles se sont nettement atténuées, à la faveur d'un pic de croissance. À Pretoria Boys High, on se souvient d'un élève « très calme », « bon en sciences et en informatique », qui ne « participait pas beaucoup aux activités extrascolaires », et surtout qui « lisait fréquemment des livres de science-fiction à l'école, même en classe », selon ce que me rapporte John Illsley, directeur adjoint de l'établissement et enseignant à l'époque. Et d'ajouter : « Depuis son départ, il ne nous a jamais recontactés. L'école a sollicité Elon Musk lors d'une campagne de financement pour de nouveaux bâtiments, il a fait un don substantiel, mais n'a montré aucun intérêt à revenir visiter l'école. »

Privilégié

Sur toute cette jeunesse de marginal, son père Errol a une autre lecture : son besoin de séduction, inassouvi en Afrique du Sud. « Je crois qu'Elon décrit son adolescence comme "misérable" parce que, comme nous étions des anglophones dans une communauté *afrikaner*, quand il a commencé à s'intéresser aux filles, il a beaucoup été rejeté, ce qu'il a vécu comme une grande frustration, me confie-t-il. C'est pour ça qu'il aimait nos voyages, en particulier en Amérique, où les filles lui parlaient plus. Son université aux États-Unis lui a beaucoup plu pour ça, d'un coup il est devenu très populaire, ce qui l'a rendu heureux. » Rembobinons un brin. À 17 ans, Elon Musk quitte (définitivement) l'Afrique du Sud pour le Canada. Il explique régulièrement qu'il tenait absolument à vivre et entreprendre aux États-Unis, et le Canada était la porte d'entrée la plus rapide sur ce continent grâce à son ascendance canadienne (omettant de dire que sa demande de *green card* a été retoquée par l'administration américaine). Ce qu'il raconte moins, c'est comment ce départ visait avant tout à éviter le service militaire obligatoire, dans une Afrique du Sud bientôt au climax de ses tensions. Le professeur Gilles Teulié détaille : « Lorsque le gouvernement décrète un état d'urgence général en 1986, cela renforce la volonté d'en découdre des opposants au régime d'*apartheid*. Et, à partir de là, la communauté internationale multipliera les critiques et sanctions contre le pays. Si le président P. W. Botha ne veut pas mettre fin au règne *afrikaner*, il comprend que ses soutiens au sein du bloc de l'Ouest (au Royaume-Uni et aux États-Unis) s'amenuisent, et perçoit qu'une fin de la guerre froide se traduirait par une fin de tout soutien, laissant le gouvernement seul face au mécontentement général de la population sud-africaine non blanche. Si la fin des années 1980 suscite beaucoup d'espoir en Afrique du Sud, la violence continue, avec des jusqu'au-boutistes *afrikaners*, en particulier dans des villes conservatrices comme Pretoria, où ils vont remettre en place les panneaux de l'*apartheid* qui avaient été enlevés lors de l'abrogation des lois les plus "mesquines" sur les signes visibles de ségrégation. »

Dans ce contexte très incertain, Elon Musk termine le lycée et se dirige vers son enrôlement dans le service militaire obligatoire. Si la famille Musk est du bon côté de l'*apartheid*, son opinion sur celui-ci a toujours été plutôt négative. Errol Musk a d'ailleurs un temps été élu au conseil de la ville de Pretoria sous la bannière du Parti progressiste, un parti libéral en faveur de l'abolition de la ségrégation (bien que seuls les Blancs puissent y adhérer), créé par des dissidents du Parti uni au pouvoir, et une opposition timide pendant l'*apartheid*. D'ailleurs, auprès d'Isaacson[19], le patriarche dénonce les opinions racistes de la famille de son ex-femme Maye, tout en matraquant : « Je n'ai rien contre les Noirs, mais ils sont simplement différents. » Au *New York Times*[20], Errol Musk assure que sa famille s'entendait bien avec les Noirs, en particulier « ses enfants avec le personnel domestique ». Cette remarque est révélatrice de la réalité de la communauté blanche privilégiée dans laquelle a grandi Elon Musk : les Noirs étaient rarement vus autrement qu'au service d'une famille blanche. S'il a quelques amis noirs durant son enfance, il est toujours resté bien loin de la lutte des étudiants qui se battaient pour leurs droits fondamentaux. Le professeur Gilles Teulié va plus loin : « Même les familles qui se disaient opposées à l'*apartheid* profitaient amplement de tout ce qui était en place. En particulier à Pretoria où, si une famille voulait exister au sein de l'élite blanche, elle devait régulièrement prendre part à des activités du régime d'*apartheid*. »

L'évitement du service militaire est un bon exemple de la caste privilégiée à laquelle appartient Elon Musk. À la fin ses études secondaires, une évolution législative permet

19. Walter Isaacson, *op. cit.*
20. Ashlee Vance, *op. cit.*

à Maye Musk de transmettre sa nationalité canadienne à ses enfants. La démarche prend près d'un an : la mère doit récupérer sa citoyenneté pour qu'ensuite ses trois enfants puissent obtenir des passeports. Cet intérêt pour les racines canadiennes apparaît comme une opportunité de fuite en avant – la famille n'y a guère prêté d'attention auparavant, tout juste Tosca a-t-elle étudié le français à l'Alliance française. Interrogé sur cette période, Errol Musk est clair : toutes les familles aisées de Pretoria multipliaient alors les techniques pour éviter le service militaire aux jeunes garçons. Et il a fait de même pour son fils : « Le pays était dans une situation très difficile, très compliquée. Et je ne voulais pas qu'Elon soit appelé par l'armée. Moi-même, j'ai fait l'armée – j'étais officier. Je voyais bien qu'une guerre arrivait. À la fin du lycée, Elon n'était pas prêt. J'ai tout fait pour ne pas élever des poules mouillées, pour préparer mes garçons à une vie difficile, à ce qu'un jour ils devraient peut-être tirer sur d'autres… Mais alors, Elon n'était pas prêt. J'ai pu retarder son appel en l'inscrivant à l'université de Pretoria. Puis en lui suggérant l'idée de partir en Amérique… Je suis content qu'il ait pu éviter l'armée. » À la fin du lycée, Elon Musk s'inscrit à l'université de Pretoria en physique et sciences de l'ingénieur, un moyen aisé de reporter le service militaire. Le jeune homme pantoufle sur les bancs de la fac, attendant surtout son passeport canadien, avant de filer vers l'Amérique du Nord.

Le faux gentleman

« Quand j'étais enfant, il y a une chose que je disais : "Je ne veux jamais être seul." Je peux toujours le dire : je ne veux pas être seul. »

Elon Musk au magazine *Rolling Stone*,
novembre 2017

« Les filles. » Mais aussi l'argent. Voilà ce qui a orienté le début de la vie d'adulte d'Elon Musk. En juin 1988, il débarque en ado mal dégrossi à Montréal, des étoiles plein les yeux, avec l'espoir de crécher chez un grand-oncle. Il n'y a alors pas d'internet, les communications ne sont pas aussi fluides qu'aujourd'hui, et ce parent vit alors à Minnesota, aux États-Unis. Direction l'auberge de jeunesse, avant de prendre le bus pour 3 000 kilomètres vers les « Prairies » du Canada, la province du Saskatchewan, et plus précisément la petite ville de Swift Current, d'où est originaire son grand-père maternel et où une partie de la famille Haldeman vit toujours. Le début du rêve américain de Musk consiste à enchaîner les petits boulots, en particulier dans l'exploitation agricole du cousin de sa mère,

Mark Teulon. « Il est resté six semaines, raconte Teulon au *Monde*[1]. Il a coupé l'herbe, travaillé à la ferme. Il a fêté ses 18 ans avec nous. Il était comme un ado, mais c'était un grand lecteur, et on voyait qu'il était un peu plus intelligent que la moyenne. »

Un jour, Musk plie bagage, direction Vancouver, pour rencontrer le reste de la famille – les Teulon ne l'ont jamais revu. Il s'inscrit finalement à l'université Queen's de Kingston. À la revue[2] des anciens de la fac, il raconte : « Je voulais faire de la physique et de l'ingénierie à [l'université de] Waterloo, mais quand j'ai visité le campus… eh ben, il ne semblait pas y avoir de filles là-bas ! Quand j'ai visité celui de Queen's, il y avait bien des filles ! Je ne voulais pas passer mon temps au milieu d'une bande de mecs. » Après deux années à Kingston, l'ambitieux Don Juan a demandé un transfert dans une université de la prestigieuse Ivy League – un moyen détourné pour une admission simplifiée –, et rejoint l'université de Pennsylvanie à Philadelphie (États-Unis), dont il sortira diplômé en économie et en physique. « Je n'étais pas sûr de ce que je voulais faire en grandissant, racontera-t-il bien plus tard[3]. Je pensais qu'inventer des trucs ou créer des choses serait cool, mais je ne savais pas vraiment si cela signifierait créer une entreprise ou travailler pour une entreprise qui fabrique des trucs sympas… »

1. Arnaud Leparmentier, *Le Monde*, 2021, https://www.lemonde.fr/series-d-ete/article/2021/07/20/de-pretoria-a-san-francisco-elon-musk-et-l-esprit-des-pionniers_6088824_3451060.html.

2. Robin Keats, *Queen's Alumni Review*, 2013, *https://www.queensu.ca/alumnireview/articles/2013-02-01/elon-musk*.

3. Kevin Rose, YouTube, 2012, *https://www.youtube.com/watch? v=L-s_3b5fRd8*.

Sans-le-sou

De cette période, Elon Musk aime surtout se forger un narratif de self-made-man, notamment combien il a été marqué par ses difficultés financières. « J'ai quitté l'Afrique du Sud par moi-même, contre la volonté de mes parents », assure-t-il encore à la revue des anciens de Queen's. Sur Twitter[4], il enfonce le clou : « J'ai travaillé durant toutes mes études [au Canada], dans une ferme à Saskatchewan et dans une scierie à Vancouver. Je suis entré à l'université Queen's grâce à une bourse et en souscrivant un prêt, et j'ai fait de même à l'université de Pennsylvanie et de Stanford [aux États-Unis]. J'ai terminé avec une dette de 100 000 dollars. » Et sa petite amie Grimes d'appuyer le mélo dans le magazine *Vanity Fair*[5] : « Il a vécu sous le seuil de pauvreté. » L'intéressé ne manque d'ailleurs pas une occasion pour évoquer ses difficultés à se nourrir lorsqu'il est arrivé aux États-Unis. « Mon seuil pour exister était assez bas, clame-t-il dans le podcast *StarTalk*[6]. Je me disais que si je peux manger pour un dollar par jour, [...] je n'allais pas mourir de faim [...] puisqu'il est assez facile de gagner 30 dollars par mois. » Ce même sens du drama se retrouve jusque dans l'une de ses plus anciennes interviews filmées, réalisée en 1998 par la chaîne CBS[7] : « À l'été 1995, je n'avais pas du tout d'argent et [...] j'essayais

4. Elon Musk, message sur Twitter/X.com, 29 décembre 2019, *https://twitter.com/elonmusk/status/1211071324518531072*.
5. Devin Gordon, *Vanity Fair*, 2022, *https://www.vanityfair.com/style/2022/03/grimes-cover-story-on-music-and-mars*.
6. Neil deGrasse Tyson, *StarTalk*, 2015, *https://startalkmedia.com/show/the-future-of-humanity-with-elon-musk*.
7. Rita Braver, CBS, 1998, *https://www.youtube.com/watch?v=zfwK5BvZrY4*.

de lancer ma start-up [Zip2]. Je n'avais aucun revenu. Nous avons trouvé un petit bureau dont le toit prenait l'eau mais qui était moins cher qu'un appartement dans la Silicon Valley. C'était le pire endroit pour vivre, mais j'y ai vécu pendant trois ou quatre mois, et j'allais me laver au YMCA. » Une caricature poussée à l'extrême, mais pas vraiment contredite en face.

Elon Musk a un rapport particulier à l'argent. Plusieurs proches que j'ai interrogés disent que ce n'est « pas ça qui le motive à faire tout ce qu'il fait ». Son ex-femme, Justine Musk, l'assure également à Ashlee Vance : « L'argent n'est pas ce qui le motive et, très franchement, je pense qu'il lui tombe dans les mains. L'argent est là. Il sait qu'il peut en trouver. » Pour en trouver, il en a trouvé ! Au point d'être, considéré comme « l'homme le plus riche du monde », (il a obtenu le titre à partir de 2021, avant de le perdre, pour mieux le regagner – le classement évoluant régulièrement), avec une fortune à son sommet évaluée par Bloomberg[8] à 340 milliards de dollars. Une somme folle, impossible à appréhender pour le commun des mortels, mais, il faut le dire, essentiellement virtuelle. Le magazine *Forbes* estime en effet que sa fortune est composée à 99 % d'actions, liant sa richesse au succès de ses entreprises. Dans le détail, début février 2024, il détenait : environ 22 % de Tesla (entre ses actions et ses options), autour de 42 % de SpaceX (non coté, mais valorisé 143 milliards de dollars en septembre 2023), 69 % de la société de tunnels The Boring Company (non cotée, valorisée 8,2 milliards de dollars), 6 % de la start-up d'implants cérébraux Neuralink

8. Bloomberg, 2023, *https://www.bloomberg.com/billionaires/profiles/elon-r-musk.*

(non cotée, valorisée 400 millions de dollars) et environ 74 % de Twitter /X.com (racheté 44 milliards de dollars). Ces dernières années, avec l'envolée de la valorisation boursière de Tesla, la fortune de Musk a mécaniquement atteint des niveaux stratosphériques – en octobre 2021, Tesla a dépassé la barre des 1 000 milliards de dollars de capitalisation en Bourse, soit plus que tous les autres constructeurs automobiles réunis. Sauf que, fin 2022, le titre « TSLA » a dégringolé sur les marchés, entraînant dans sa chute la fortune du patron. Après avoir perdu 182 milliards de dollars, Elon Musk n'est plus l'homme le plus riche du monde (le titre revient un temps au Français Bernard Arnault, avant de se voir reconquis par Musk), mais est devenu celui qui « a enregistré la plus grosse perte au monde », certifie le *Livre Guinness des records*[9]. « La folie des marchés à court terme est imprévisible », s'amuse l'intéressé[10].

« Il n'a jamais fait tout ça pour l'argent », m'assure un ancien de chez Tesla, proche de son ex-patron, grand amateur de homards. On aime toutefois lui rappeler toutes ces fois où il s'est joué de la Bourse uniquement pour tirer plus de revenus. Par exemple, il a plusieurs fois assuré aux investisseurs dans Tesla que le cours futur de l'action serait stable puisque le plus gros actionnaire – lui-même – ne comptait pas vendre de titres. Par exemple, en avril 2022, il vend pour 8,4 milliards de dollars d'actions, faisant

9. Sanj ATWAL, *Guinness World Records*, 2023, *https://www.guinnessworldrecords.com/news/2023/1/elon-musk-suffers-worst-loss-of-fortune-in-history-amid-market-madness-731988*.

10. Elon MUSK, message sur Twitter/X.com, 30 décembre 2022, *https://twitter.com/elonmusk/status/1608956890528256000*.

plonger le cours de 12 %, mais promet[11] immédiatement : « Il n'y aura plus de ventes après aujourd'hui. » Quatre mois plus tard, voilà qu'il se remet à vendre pour 6,9 milliards de dollars, et de repromettre que c'est la dernière fois (il justifie alors son geste par le deal Twitter). Que fait-il trois mois plus tard ? Il écoule pour 3,4 milliards de dollars d'actions Tesla, mais cette fois ne cherche plus à se justifier ou à promettre quoi que ce soit. Cette mécanique, se jouant des investisseurs, Musk l'a auparavant éprouvée sur le marché particulièrement volatil des cryptomonnaies. Par ses prises de position récurrentes sur le sujet, il s'est imposé en gourou des cryptos auprès de nombreux jeunes investisseurs qui s'en remettent à ses conseils. Par exemple, la valeur de la devise Dogecoin, créée comme une blague avec un chien mignon en logo, s'est envolée de plus de 36 000 % en deux ans grâce à la multiplication de ses messages de soutien, promettant par exemple de pouvoir acheter une Tesla avec ou de financer une mission spatiale SpaceX avec – avant de s'effondrer, quand il a assuré[12] qu'il s'agit « d'une arnaque » (une procédure est en cours contre Musk pour délit d'initié). Pareil avec le bitcoin. La cryptomonnaie phare a vu son cours grimper en flèche, en particulier après les achats de nombreux titres par Tesla, qui a placé plus de 1,5 milliard de dollars en bitcoins. Et Musk d'assurer vouloir participer à une stabilisation du cours, en cessant d'acheter et de revendre des positions. « Je ne crois absolument pas à l'importance de faire monter les prix et de vendre quoi que ce soit du

11. Elon Musk, message sur Twitter/X.com, 29 avril 2022, *https://twitter.com/elonmusk/status/1519850299757846530*.
12. Elon Musk, *Saturday Night Live*, NBC, 2021.

genre, dit-il lors d'une conférence sur le sujet en 2021. J'aimerais voir le bitcoin réussir. » Moins d'un an plus tard, Tesla revendait les trois quarts de ses bitcoins, et le cours flanchait durablement. Pas des plus désintéressés Pis, on nous rapporte que ce patron multimilliardaire attend, dans un non-dit équivoque, que ses lieutenants règlent eux-mêmes sur leurs deniers personnels certains repas professionnels et autres rencontres, arguant que « la réussite de l'entreprise leur profite », omettant toujours son profit à lui.

Reste que le patron semble détaché dans son rapport à sa fortune. Quand il est devenu « l'homme le plus riche du monde », il a simplement tweeté : « Comme c'est étrange[13]. » En 2019, lors d'un procès en diffamation pour certains de ses tweets, il s'est d'ailleurs exprimé sur le sujet : « Certaines personnes pensent que j'ai beaucoup de cash [d'argent liquide]. En fait, non. » Il faut dire qu'Elon Musk ne touche aucun salaire chez Tesla et SpaceX, et n'encaisse aucun dividende – les deux sociétés n'en versent pas à leurs actionnaires « afin de financer [leur] future croissance ». Chez le constructeur auto, Musk bénéficie d'une rémunération de 56 830 dollars par an, qu'il refuse de percevoir, préférant des options sur des actions (via un plan prévoyant une rémunération de 56 milliards de dollars, finalement bloqué par la Justice). Comment vit-il ? Apparemment, surtout à crédit. D'après des documents financiers de Tesla, le magnat était endetté en 2019 à hauteur d'au moins 548 millions de dollars, dont 209 millions de dettes

13. Elon Musk, message sur Twitter/X.com, 7 janvier 2021, *https://twitter.com/elonmusk/status/1347204459147902978*.

chez Morgan Stanley et 213 millions chez une filiale de Goldman Sachs – le patron aurait mis en gage près de la moitié de sa participation dans Tesla pour garantir ses prêts. Et Musk de professer : « Je n'ai pas besoin de cash. Je me consacre à Mars et à la Terre. La possession ne fait que t'alourdir[14]. » Il s'est aussi illustré en revendant ses propriétés immobilières : entre 2012 et 2017, il a vendu pour 75 millions de dollars trois manoirs californiens, rapporte le *Wall Street Journal*[15], et a cédé fin 2020 quatre demeures de Los Angeles pour 62 millions de dollars, d'après le *LA Times*[16]. « J'essaie de rendre ma vie aussi simple que possible en ce moment, donc je ne garderai que les choses qui ont une valeur sentimentale », a-t-il expliqué au quotidien économique. Il a opté pour une maison en location à Austin, au Texas, dans un quartier chic, avec piscine et une jolie vue sur le fleuve Colorado.

Ce déménagement est surtout à rapprocher de la naissance du premier enfant avec sa compagne d'alors, Grimes (leur fils X Æ A-12), de tensions avec les autorités californiennes – il s'est vertement énervé contre les règles destinées à éviter la propagation du Covid-19, qui lui ont imposé de fermer (un temps) son usine automobile de Fremont –, et de l'intérêt financier pour le Texas qui ne perçoit ni impôt sur le revenu ni sur les plus-values pour les particuliers (à l'inverse de la Californie où les deux

14. Elon Musk, message sur Twitter/X.com, 1er mai 2020, *https://twitter.com/elonmusk/status/1256257634404937730*.
15. Tim Higgins, *Wall Street Journal*, 2020, *https://www.wsj.com/articles/elon-musk-techs-cash-poor-billionaire-11588967043*.
16. Jack Flemming, *LA Times*, 2020, *https://www.latimes.com/business/real-estate/story/2020-12-30/elon-musk-sells-three-bel-air-homes-for-a-combined-40-9-million*.

impôts grimpent à 13,3 % pour les montants supérieurs à 1 million de dollars par an, soit le taux le plus élevé du pays). Dans le sillage du patron, Tesla a décidé de déménager son siège de Palo Alto vers Austin, où le groupe s'est construit une nouvelle usine, non loin du siège de SpaceX. Reste que la vie dans le « *Lone Star State* » n'est pas forcément du goût de Grimes[17], pas vraiment consultée avant ce déménagement : « Le mec ne vit pas comme un milliardaire. [On vit dans] une maison sans aucune sécurité, où les voisins nous filment. » Et de glisser une pique au côté je-m'en-foutiste, presque radin du personnage : lorsqu'ils vivaient ensemble à Los Angeles, le matelas avait un trou d'un côté et « le mec ne voulait pas acheter un nouveau matelas », proposant seulement d'en récupérer un autre dans la chambre d'amis.

Il ne faut pas voir Elon Musk en sage détaché de toute possession matérielle. La vente de ses propriétés immobilières, tout comme le fait de ne pas toucher de salaire, vise un objectif principal : garder la mainmise sur ses entreprises. Ce faisant, il maintient sa participation majoritaire chez Tesla et SpaceX, voire l'assoit encore plus en souscrivant de nouvelles options d'actions. Plutôt que de vendre quelques actions pour financer son train de vie, mais en risquant une dilution de son pouvoir, le patron préfère vivre grâce aux banques, ravies de prêter à un si riche client.

Jusqu'ici, avec la flambée de Tesla en Bourse, l'ensemble du système permettait à Musk de financer la croissance

17. Devin Gordon, « "Infamy Is Kind Of Fun": Grimes on Music, Mars, and Her Secret New Baby With Elon Musk », *Vanity Fair*, 2022, https://www.vanityfair.com/style/2022/03/grimes-cover-story-on-music-and-mars.

de ses entreprises sans avancer un centime. Sauf que le montage pourrait se transformer en château de cartes avec la baisse sur les marchés de Tesla : en dessous d'un certain cours, les banques peuvent réclamer au patron de combler la différence, donc potentiellement le pousser à vendre des actions rapidement afin de dégager du *cash*. Risquant au passage d'entraîner le constructeur automobile dans une spirale. « S'il est contraint de liquider, la pression à la baisse sur le titre serait énorme », prédit[18] Charles Elson, professeur à l'université du Delaware et expert en gouvernance d'entreprise. D'où la nécessité pour Musk d'anticiper et de se constituer un (confortable) matelas, notamment en revendant ses biens immobiliers.

Frimeur

S'il demeure davantage concentré sur son objectif entrepreneurial que sur sa richesse, il ne faut pas tomber dans l'angélisme : Elon Musk aime être riche. Son père Errol raconte comment petit il disait déjà vouloir « devenir millionnaire ». Pas astronaute ou créateur de jeux vidéo, comme différents récits peuvent le laisser entendre, mais bien assis sur une fortune. Et, dès qu'il a pu amasser de l'argent, il a développé un côté nouveau riche clinquant, tapageur, vulgaire. En 1998, après son premier succès business – la revente de sa première start-up, Zip2, à Compaq pour 305 millions de dollars –, il est devenu multimillionnaire à 27 ans. Et lorsqu'il empoche ses

18. Agence France Presse, 2019.

22 millions de dollars, ses premières dépenses sont claires : un appartement de 170 mètres carrés, un avion à hélice et une McLaren F1 à un million de dollars – c'est alors la voiture la plus rapide du monde et elle n'a été produite qu'à 106 exemplaires. La livraison de cette dernière fait l'objet d'une séquence lunaire dans un documentaire de CNN en 1999 où un Musk dégarni dans un costume marron bien trop grand accueille comme un gosse sa voiture livrée par semi-remorque : « Il existe 62 McLaren dans le monde et l'une d'elles va être à moi ! Je n'arrive pas à croire qu'elle est là. C'est plutôt extraordinaire, hein ? » La séquence est entrecoupée de déclarations grotesques et clichées de l'ingénieur devenu nouveau millionnaire auto-satisfait : « L'argent, c'est l'argent. Je veux dire, c'est juste un grand nombre de portraits de Ben Franklin » ; « Je ne réponds pas au portrait-robot du banquier » ; « Je pourrais m'en aller acheter une île des Bahamas et m'y créer un fief personnel, mais j'ai bien plus envie de bâtir et de créer une nouvelle entreprise. » Musk est bientôt connu comme ce richard frimeur qui sillonne la Silicon Valley au volant de sa McLaren F1 argentée sans en prendre le moindre soin (elle était couverte de fientes d'oiseaux) façon de dire, comme inspiré par la chanson de Philippe Katerine, « j'aurais pu être millionnaire […] et je vous emmerde ».

Le destin de cette voiture à un million incarne cette désinvolture. Moins d'un an après avoir reçu son bébé, Musk roule sur Sand Hill Road, à Menlo Park en Californie, avec le cofondateur de PayPal Peter Thiel à ses côtés. « Bon, qu'est-ce que cette chose a dans le ventre ? » interroge Thiel à propos du coupé. « Regarde ça », rétorque Musk, avant d'accélérer d'un coup et de changer de file, façon course-poursuite retransmise par hélicoptère. Sauf qu'il perd le contrôle, la voiture heurte un talus, avant de s'écraser sur le bord de la route. Les vitres et les pneus éclatent, la suspension se brise et la carrosserie s'avère sacrément endommagée. Les deux passagers en sortent indemnes. Musk aurait alors dit à Thiel : « Le plus drôle, c'est que je ne suis pas assuré. » Plus tard, il admettra au journaliste américain Jimmy Soni[19] : « Je ne savais pas vraiment comment conduire cette voiture. »

De toute cette époque, Musk tient surtout à faire retenir qu'il a essentiellement réinvesti son jackpot dans sa start-up suivante, X.com – qui se fondra dans PayPal. Sauf que sa motivation était surtout de profiter d'un avantage fiscal. S'il n'y a pas à douter de la fibre entrepreneuriale du personnage, cette idée qu'il a soigneusement fomenté la révolution numérique bancaire que deviendra PayPal est à prendre avec des pincettes. En 1990, à Toronto, Musk a effectué un stage d'été à la banque Scotia. Quand il s'en souvient, il est pris du syndrome du stagiaire fraîchement arrivé qui se pense capable de révolutionner toute une industrie : « J'ai trouvé une opportunité d'arbitrage de plusieurs milliards de dollars pour la banque. Je pensais qu'ils me donneraient au moins 1 dollar de l'heure d'augmentation, mais non[20]. » Et d'assurer à Ashlee Vance : « Plus tard dans la vie, quand j'ai fait concurrence aux banques, j'ai repensé à ce moment et cela m'a donné confiance. Les banquiers ne savent que copier ce que font les autres. Si

19. Jimmy Soni, *Les Fondateurs : l'histoire de PayPal et des créateurs de la Silicon Valley*, Talent éditions, 2022.

20. Elon Musk, message sur Twitter/X.com, 18 mai 2021, *https://twitter.com/elonmusk/status/1394591610185216009? lang=fr*.

tous les autres se jettent dans un précipice, ils sautent avec eux. S'il y a un énorme tas d'or au milieu de la pièce et que personne n'y touche, ils n'y touchent pas non plus. »

Calculateur

Si ce diplômé en économie a des notions de finance, opter pour la banque en ligne à la fin des années 1990 n'a rien de vraiment révolutionnaire. À titre d'exemple, rien qu'en France, le groupe Paribas a lancé en 1994 sa « banque directe », un accès à ses comptes et opérations grâce au téléphone, au Minitel et au fax, inspiré par des expériences similaires réalisées en Espagne, en Allemagne et en Grande-Bretagne (là-bas, First Direct, filiale de Midland-HSBC, comptait déjà plus de 450 000 clients après cinq ans d'existence). En 1995, la Lyonnaise des Eaux (aujourd'hui Suez) a promu une offre, « le numérique sur câble », notamment pour accéder à sa banque. Ou encore, en février 1999, le magazine *Budget & Droits* de la Confédération de la consommation, du logement et du cadre de vie publiait un comparatif des offres internet de 16 banques françaises, permettant de gérer ses comptes, ses virements, ses opérations et même des simulations de prêt. Aussi, la volonté de bousculer le monde des banques avec internet n'est donc pas vraiment neuve en 1999, lorsqu'Elon Musk fonde X.com. Si ses souvenirs enjolivent la vision d'alors, les documents officiels de l'époque – que j'ai consultés – sont clairs : « L'objectif de la société est d'offrir des services bancaires par internet, qui consistent à accepter des dépôts, des services de paiement et une extension limitée du crédit. » Pas d'une originalité folle, et certainement pas la réussite que sera PayPal. Mais X.com profite d'un créneau sacrément porteur : la « nouvelle économie » que promet la diffusion d'internet dope l'investissement dans toutes les start-up un tant soit peu technologiques. Et dans ce qui émergera comme une véritable bulle spéculative (dont l'apogée est atteint à mars 2000), ceux qui parient le plus sont les banques et les assurances[21]. Le monde de la finance espère des retours ultra-rapides sur investissement *via* des introductions express en Bourse. Et ils investissent bien plus facilement dans ce qu'ils connaissent : la banque. D'où cette déclaration de Musk à CNN tandis qu'il vient d'enregistrer X.com : « Pour lever 50 millions de dollars, il suffit dc quelques coups de fil et l'argent est là. »

Au-delà de l'option de facilité, ce qu'Elon Musk ne dit pas non plus, c'est qu'il s'agit pour lui de bénéficier d'un important avantage fiscal. Sur les 22 millions de dollars retirés de la vente de Zip2, Elon Musk en réinvestira environ 12 millions dans X.com. Ses amis louent un « sacré pari », un « risque personnel insensé », mais il s'agit surtout d'échapper à l'impôt. La loi permet alors aux investisseurs d'opter pour le « roulement d'actions », c'est-à-dire que s'ils touchent une somme lors de la vente d'actions d'une entreprise, ils peuvent choisir de la réinvestir dans une nouvelle société, et ces revenus sont considérés comme « non imposables » au niveau fédéral. Seule condition : réinvestir son gain sous 90 jours. Zip2 est vendu en février 1999, X.com enregistré un mois plus tard – on

21. Anne Rein, 01Net, 2001, *https://www.01net.com/actualites/qui-a-finance-la-bulle-internet-168919.html.*

note qu'au passage, Musk opte pour l'État du Delaware, le paradis fiscal américain, qu'il choisira ensuite pour tous ses véhicules financiers afin de réduire au maximum son imposition. Cette manœuvre lui permettra d'éviter jusqu'à 15 % d'impôt sur ses actions. Actions qui, lors du rachat de l'entreprise (devenue PayPal) par eBay en 2002, lui rapporteront 250 millions de dollars – 180 millions après impôts.

C'est au cours de cette période qu'Elon Musk est entré dans le cercle des entrepreneurs à succès de la Valley. Son aura atteint un sommet lors de la revente de PayPal, flattant au maximum son *ego*. Toute cette période développera son goût pour la fortune. Pour mieux percevoir son goût du clinquant, il faut replonger dans le blog que tenait sa femme d'alors, Justine Musk, mère de ses cinq premiers enfants. Cette Canadienne, rencontrée à l'université Queen's, est auteure de romans fantastiques pour adolescents. Au début des années 2000, sans divulguer l'identité de son mari déjà immensément riche, elle raconte en ligne par le menu leur vie de nouveaux riches en Californie. Si ce blog partage surtout les questionnements d'une trentenaire propulsée « femme de » dans le Los Angeles des ultra-riches, on y découvre certaines coulisses de la vie privée d'Elon Musk. Jusqu'à leur divorce – en 2008 –, Justine Musk ne le critique jamais franchement. Elle décrit en revanche quelques pince-fesses et surtout la découverte des clubs les plus exclusifs de Los Angeles, aime donner son avis sur les *people* rencontrés (Leonardo DiCaprio, Paris Hilton, Mark McGrath, Ashlee Simpson…), relater ses discussions avec les « amis de St. Barth », et partage les petites histoires avec leur voisinage célèbre. Surtout,

Justine Musk s'interroge sur cette nouvelle richesse et ce qu'elle implique : « Une fois, nous organisions un dîner et j'ai entendu une conversation dans la cuisine. C'était très facile d'organiser un dîner : je n'avais rien d'autre à faire que d'arriver à temps pour ouvrir la porte. Alors que le traiteur s'affairait sur la cuisinière, les serveurs échangeaient des observations sur nous, les "gens riches" : "Si quelque chose casse, ils sortent et en achètent un nouveau Ils ne prennent même pas la peine de le faire réparer." » Si elle se montre acerbe envers tous les « riches self-made-men » dont la réussite, plus que d'un succès entrepreneurial, tient surtout à « l'argent de papa-maman », elle ne manque pas une occasion de vanter son jules – « Je crois qu'il est brillant et travaille comme un diable, et mérite ses succès et sa richesse. » Transparaissent toutefois deux traits d'Elon Musk : il aime les boîtes de nuit (elle les définit comme un couple de « clubbers ») et baigne dans un monde de drogues. À ce propos, une anecdote peut sembler anodine lorsque Justine Musk évoque : « Arrêtons deux secondes la coke pour aller conduire très vite une voiture de course à un million de dollars sous la pluie ! » Elle semble faire référence à la McLaren F1 emboutie.

Flambeur

Ce goût pour la fête remonte aux études supérieures. Pour vanter son caractère d'entrepreneur, Elon Musk raconte qu'à l'université de Pennsylvanie, en 1992, lui et son colocataire Adeo Ressi transforment tous les week-ends leur maison en boîte de nuit clandestine, en speakeasy non déclaré. Ils occultent les fenêtres avec des sacs-poubelle et décorent les murs avec de la peinture phosphorescente. « C'était un vrai cabaret clandestin, s'amuse Ressi[22]. Il nous arrivait d'avoir jusqu'à cinq cents personnes. Nous faisions payer 5 dollars et c'était boissons à volonté – bière, jello shots, etc. » Si Musk boit occasionnellement de la vodka, il n'est pas un gros buveur. « Quelqu'un devait rester sobre pendant ces fêtes, dit-il[23]. Je payais moi-même mes études universitaires et je pouvais gagner un mois de loyer en une nuit. Adeo [Ressi] était chargé de faire des trucs sympas dans la maison, et moi, je dirigeais la fête. »

Ce goût pour la bringue s'est illustré à l'été 2023, lors de vacances à Mykonos, en Grèce, où il a été photographié en maillot de bain et cocktail à la main, sur un yacht de luxe. L'homme est amateur de beaux engins et de belles mécaniques, possédant un garage doté de nombreuses voitures de collection (un roadster Jaguar E-Type, une Porsche 911 Turbo, une BMW M5, et même la Lotus Esprit de James Bond), sans oublier deux jets privés (Gulfstream et Dassault Falcon). Un joli patrimoine pour celui qui prophétise que « la possession ne fait que t'alourdir ». Plus qu'une hypocrisie volontaire, on lui prête plutôt la parabole biblique : « Pourquoi vois-tu la paille qui est dans l'œil de ton frère et n'aperçois-tu pas la poutre qui est dans ton œil[24] ? » C'est pareil pour son privilège de naissance. Si Elon Musk répète systématiquement qu'il a « payé [lui]-même [s]es études », il omet systématiquement

22. Ashlee Vance, *op. cit.*
23. *Ibid.*
24. Évangile selon Matthieu, chapitre vii, verset 3.

de raconter comment le patrimoine de sa famille et ses bonnes connexions ont pu lui servir de tremplin.

Si la famille Musk est du bon côté des émeutes dans l'Afrique du Sud de l'*apartheid*, elle mène une vie très confortable. Ils vivent dans l'une des plus grandes maisons de Pretoria et possèdent une résidence secondaire dans la ville côtière de Durban. Ils disposent de nombreux domestiques, les enfants fréquentent les meilleures écoles privées et toute la famille multiplie les vacances à l'étranger. Maye Musk résume cette aisance financière[25] : « Mes enfants allaient […] skier en Autriche, découvrir Hong Kong ou New York. » Au départ, le patrimoine provient plutôt du côté des Haldeman, la famille de Maye, qui a su faire fructifier le cabinet de chiropractie du grand-père, dispose de terrains, de personnel et d'avions. Elle le raconte[26] : « Mon mari n'avait pas d'argent quand il m'a épousée. […] Mes parents nous ont permis de construire une maison sur un terrain juste à côté du leur. […] Ensuite, il a bien réussi en tant qu'ingénieur et son train de vie était très confortable. […] Étaler sa richesse était tout ce qui l'intéressait. » Les informations divergent sur le niveau exact de richesse de la famille Musk, mais il est certain que leur vie est douce dans ce pays en crise, essentiellement grâce aux revenus d'Errol, notamment de sa participation dans une mine d'émeraudes en Zambie. L'histoire de cette mine est sujette à caution : Elon Musk a plusieurs fois démenti son existence, parce qu'objet de critiques sur la réalité de son aisance financière d'origine et sur l'idée que sa famille

25. Maye MUSK, *op. cit.*
26. *Ibid.*

ait pu bénéficier de revenus tirés de l'exploitation de personnes noires dans une période trouble. « [Mon père] ne possédait pas de mine d'émeraudes [...] D'où vient cette connerie ? » clame-t-il sur Twitter[27]. Sauf que les Musk ont bien tiré profit d'une mine d'émeraudes à partir du début des années 1980. Plusieurs membres de la famille le confirment. Errol Musk le premier, tout en assurant qu'il ne s'agissait pas d'une exploitation façon « diamants de sang » : « Mon implication très limitée dans une transaction commerciale en Zambie dans les années 1980 [...] peut difficilement être considérée comme inappropriée », a-t-il justifié sur Facebook[28]. Et de raconter, à l'édition sud-africaine du site Business Insider[29] qu'un jour, il a revendu son avion à un groupe d'hommes (une fois qualifiés d'Italiens, une autre de Panaméens), qui lui ont proposé soit 80 000 livres sterling en liquide (plus de 105 000 euros d'aujourd'hui), soit de posséder 50 % des parts d'une mine d'émeraudes en Zambie, près du lac Tanganyika. « J'ai dit "Oh, d'accord", et je suis devenu propriétaire à moitié de la mine, et nous avons reçu des émeraudes six ans durant. » La Zambie est alors une jeune république en phase de décolonisation et s'enfonce dans la misère, tandis qu'Errol Musk tire profit de cette mine, jamais déclarée. L'affaire semble lucrative, puisque le Sud-Africain emploie même un lapidaire (personne qui coupe et taille les pierres) à Johannesburg pour revendre les bijoux lors de ses voyages.

27. Elon Musk, message sur Twitter/X.com, 28 décembre 2019, *https://twitter.com/elonmusk/status/1211054942192119808*.
28. Errol Musk, message sur Facebook, 27 juillet 2020, *https://www.facebook.com/errol.musk/posts/10218340000911015*.
29. Philipp de Wet, *Business Insider South Africa*, 2018.

Un jour, accompagné de ses deux fils Elon et Kimbal, il est même allé en vendre à la boutique Tiffany & Co située sur la prestigieuse Cinquième Avenue de New York. « On leur en a vendu deux : une pour 800 dollars et une autre – je crois – pour 1 200 dollars… À l'époque, on avait tellement d'argent qu'on n'arrivait même plus à fermer nos coffres », frime-t-il auprès du site[30].

Si la parole du père est parfois mise en doute, tant sa relation avec son fils aîné a été en dents de scie, Kimbal Musk se souvient[31] aussi d'avoir accompagné son père avec son frère en Zambie voir la mine d'émeraudes : « On partait dans un avion rempli de tablettes de chocolat, parce que c'est ce que voulaient les douaniers. En gros, vous leur donniez des barres de chocolat et ils vous permettaient de faire des affaires. » On note enfin que, malgré les démentis, dans une interview à *Forbes* en 2014[32], Elon Musk évoquait bien que son « père avait une participation dans une mine d'émeraudes ». Et le même n'a rien trouvé à redire quand une ex-petite amie de fac, Jennifer Gwyne, a vendu aux enchères un collier en or serti d'une émeraude tirée de la fameuse mine, collier qu'il lui a offert en 1994 – elle en a tiré 51 000 dollars !

Héritier

Plus qu'évaluer précisément le patrimoine d'origine d'Elon Musk, son père Errol préfère relativiser, mettant

30. Philipp de Wet, *Business Insider South Africa*, 2018.
31. Tom Junod, art. cit., *Esquire*.
32. Jim Clash, *Forbes*, 2014.

les déclarations de son fils sur le dos d'un storytelling américain. Il me dit : « Si Elon dit qu'il a eu une enfance misérable, c'est pour reprendre un narratif qu'ils ont aux États-Unis. Mais il a eu une enfance heureuse, sa vie était formidable ici [en Afrique du Sud]. Il faisait les meilleures écoles, avait une moto, des ordinateurs – et à l'époque, ça coûtait le prix d'une Mercedes ! –, et beaucoup d'amis. À Pretoria, nous vivions dans la plus grande maison – qui est devenue le siège d'une délégation de l'ONU. Nous avions un chef à domicile, plusieurs domestiques. On faisait de l'équitation, du ski nautique… C'était un environnement très privilégié. » Un privilège que veut balayer Elon Musk dans le discours sur sa vie. Pourtant, il ne fait aucun doute que ses débuts dans les affaires ont bénéficié de ses connexions privilégiées parmi l'élite sud-africaine, et ensuite parmi une certaine classe nord-américaine.

Illustration avec la start-up Zip2, sorte de répertoire en ligne de commerces et restaurants créé par Elon et son frère Kimbal en 1995 : ils ont d'abord bénéficié du soutien rassurant de leurs parents. Maye Musk raconte[33] « leur rend[re] visite toutes les six semaines […] Je leur achetais de la nourriture, des vêtements, des meubles et je couvrais leurs frais d'impression. […] Je leur ai donné 10 000 dollars ». Tandis que leur père Errol leur donne autour de 28 000 dollars. Ce que réfute Elon Musk, assurant à *Rolling Stone*[34] que « les fonds de notre première société provenaient d'un petit groupe d'investisseurs de la Silicon Valley ». Plus tard, il clarifie : « Nous avons commencé Zip2

33. Maye Musk, *op. cit.*
34. Neil Strauss, art. cit., *Rolling Stone.*

avec environ 2 000 dollars de ma part [...] 5 000 dollars de mon frère et 8 000 dollars de Greg Kouri [un homme d'affaires canadien, rencontré à Toronto, qui a joué le rôle de mentor]. Mon père a fourni 10 % d'un financement d'environ 200 000 dollars beaucoup plus tard. »

Lorsqu'on l'interroge sur ce point, Errol Musk récuse et maintient qu'il a effectué une dotation dès l'origine de Zip2. Il me l'assure, sans détour : « J'ai toujours aidé Elon du mieux que je pouvais. C'est moi qui lui ai proposé d'aller étudier en Amérique. C'est moi qui lui ai acheté son billet d'avion – c'était un aller-retour. Je lui ai donné de l'argent aussi. Quand il fonde Zip2 avec Kimbal, ils m'ont demandé une aide financière. J'ai alors revendu mon yacht et un Zodiac, j'en ai tiré 105 000 dollars. Il était alors illégal de faire sortir de l'argent d'Afrique du Sud, j'ai dû passer par un intermédiaire en Israël – qui a prélevé une commission. Je crois qu'au final, Elon a reçu 30 000 dollars. Kimbal m'a dit que sans cette aide, ils n'auraient pas pu acheter le matériel nécessaire, ils n'auraient pas pu démarrer. Après, l'histoire de l'entreprise a été changée, mais ce n'est pas grave, l'important, c'est qu'ils aient réussi. »

Iron Man

Ce sens de la réécriture sur tout ce qui concerne l'argent revient de manière récurrente tout au long de la vie d'Elon Musk. Tout comme sa conduite dictée par ce qu'il pense être de la galanterie envers les femmes. Pourquoi ? Simplement parce qu'il se prend pour un super-héros Marvel. Pas le gringalet timide mordu par une araignée radioactive, plutôt le genre playboy flambeur qui met à profit ses millions de dollars pour sauver l'humanité et au passage s'offrir du bon temps. Elon Musk se fantasme en Iron Man, le héros en armure, rock and roll et à la langue bien pendue, qui raffole de soirées jet-set et aime défiler avec un mannequin à chaque bras.

Cette désillusion atteint son paroxysme en juillet 2017. Dans son usine de Fremont en Californie, où Tesla tient un grand raout, Musk arrive sur scène au volant d'une Model 3 rouge vif semblable à l'armure du héros, et au son des riffs endiablés d'une chanson intitulée « Renegade » (« renégat » en français). Il sort du véhicule, exalhe le cool avec son look jean, tee-shirt, blazer et barbe de trois jours, et lève les bras au ciel le temps d'une (très) longue acclamation du public (essentiellement ses employés). Il n'est alors plus le patron d'un constructeur automobile ou un directeur d'usine, mais bien une star du rock qui promet de changer la face du monde. La scène est surréaliste pour celui qui n'y voit qu'une énième présentation de voiture qui roule vite. C'est à ce moment qu'il s'approprie le plus les habits de Tony Stark, le super-héros Iron Man. Lui qui est toujours apparu comme le geek de service, toujours en jean et chemise à carreaux, a alors divorcé, s'est mis au sport, soigne sa barbe, s'est offert des implants capillaires et des costumes bien coupés de P.-D.G. fortuné. Il fait régulièrement les gros titres de la presse people, aussi bien pour ses parades au bras de jeunes actrices et mannequins, que pour ses divorces – déjà trois, dont deux avec la comédienne britannique Talulah Riley, de 14 ans sa cadette. Tout le récit, l'actantiel, est alors en place. Il fait même l'objet d'un documentaire façon hagiographie au titre sans équivoque : *The Real Life Iron Man*[35].

---

35. Sonia Anderson, *The Real Life Iron Man*, 2018.

Pour comprendre le rapprochement récurrent avec l'homme de fer de Marvel, il faut remonter dix ans plus tôt, alors que l'acteur Robert Downey Jr. s'apprête à tourner à Los Angeles le film où il incarnera le super-héros (carton au box-office qui lancera toute la franchise Marvel sur grand écran). L'Américain entend alors parler de SpaceX, situé juste à côté, et file rencontrer son patron. Musk est alors milliardaire, voisin du producteur de musique Quincy Jones à Bel Air, de toutes les soirées chics de Hollywood, et flambe volontiers un million de dollars pour une voiture de luxe. Il n'est certes pas du genre à écluser du scotch dans un convoi militaire en Afghanistan ; il sert néanmoins de base d'inspiration pour le personnage, en particulier son outrecuidance.

On peut tempérer ce rôle de muse, tant les comics recèlent de nombreux éléments retranscrits à l'écran, et tant est évident le parallèle avec le concurrent Batman (autre playboy milliardaire ingénieux et outrecuidant), mais qu'importe, la légende est née. Et Musk fera tout s'y conforter. De la manière la plus littérale possible. Il va jusqu'à s'offrir une apparition dans le film *Iron Man 2*, où Tony Stark le félicite pour ses nouvelles fusées SpaceX, et « Elon », blazer blanc et visage rougeaud, marmonne qu'il a « une idée pour un avion électrique » – il apparaîtra ensuite dans *Machete Kills*, *Transcendence*, *The Boyfriend : pourquoi lui ?*, *Men in Black : International*, et les séries *The Big Bang Theory*, *South Park* et *Young Shelon*. Lorsque le *Guardian* l'interroge[36] sur cette comparaison avec Iron

36. Rory Carroll, *The Guardian*, 2013, *https://www.theguardian.com/technology/2013/jul/17/elon-musk-mission-mars-spacex*.

Man, l'intéressé jubile. « C'est plutôt cool, exulte-t-il, avant de se la jouer humble et expert du sujet. Il y a des différences importantes entre moi et Tony Stark, comme le fait que j'aie cinq enfants, que je passe plus de temps à aller à Disneyland qu'à faire la fête. Je me sens un peu comme le père de Tony Stark. J'aime les fêtes cependant. » Quelques années plus tard, lorsque CNN s'interroge[37] sur une rencontre entre lui et le secrétaire d'État à la Défense, et les implications potentielles pour SpaceX, il dévie[38] la conversation sur « une armure volante en métal ». Musk cultive sa comparaison avec Tony Stark, et raffole de se voir qualifié d'« Iron Man du monde réel ». Cela dope à la fois son charisme, mais aussi lui offre un formidable alibi à sa grossièreté, à son égoïsme égotique, ainsi qu'à sa muflerie. En particulier en direction des femmes.

Goujat

S'il est un domaine où Elon Musk apparaît trouble, c'est dans son rapport à la gent féminine. Élevé dans la culture *afrikaner* blanche qui célèbre la virilité la plus crasse, il aime dire qu'il s'en distingue, tout comme de la brutalité de son père. Celui-ci, alors âgé de 76 ans, a justifié[39] avoir eu deux enfants avec son ancienne belle-fille

---

37. Ryan Browne, CNN, 2016, *https://edition.cnn.com/2016/06/08/politics/elon-musk-ash-carter-pentagon/index.html.*
38. Elon Musk, message sur Twitter/X.com, 9 juin 2016, *https://twitter.com/elonmusk/status/740723195431538689.*
39. Alex Diaz, *The Sun*, 2022, *https://www.the-sun.com/news/5763920/elon-musk-father-child-stepdaughter.*

parce que, dit-il sans rire, « nous sommes sur Terre pour nous reproduire ». Et le patriarche de rouler des mécaniques, façon phallocrate : « Il y a eu une période à Johannesburg dans les années 1980 où je sortais avec une femme différente chaque soir. » Avant de ramener le sujet sur son fils aîné, lui-même père d'alors dix enfants : « J'ai du mal à suivre », lance Errol Musk.

Elon a son premier enfant, Nevada, en 2002, avec sa première femme Justine, pile au moment où PayPal est sur le point d'être racheté par eBay. Seulement, celui-ci décède au bout de dix semaines, victime de la « mort subite du nourrisson », c'est-à-dire une mort inattendue d'un enfant bien portant sans explication (250 à 350 enfants sont concernés chaque année en France). Justine Musk raconte dans *Marie-Claire*[40] : « Le temps que les secouristes le réaniment, il avait été privé d'oxygène pendant si longtemps qu'il était en état de mort cérébrale. Au bout de trois jours en réanimation dans un hôpital d'Orange County, nous avons pris la décision de le débrancher. Il est mort dans mes bras. » Un traumatisme immense qui la plongera dans un profond chagrin. Musk, de son côté, opte plutôt pour l'enfouissement de ses sentiments. « Elon fit clairement savoir qu'il ne voulait pas parler de la mort de Nevada. Je ne le comprenais pas, tout comme il ne comprenait pas pourquoi je laissais voir mon chagrin, ce qu'il considérait comme de la "manipulation psychologique". J'ai ravalé mes sentiments et j'ai affronté la mort de mon fils. » Au magazine *Esquire*[41], elle justifie sa réaction :

40. Justine Musk, *Marie-Claire*, 2010, *https://www.marieclaire.com/sex-love/a5380/millionaire-starter-wife*.
41. Tom Junod, *art. cit.*, *Esquire*.

« Il était dans ce mode [...] le spectacle doit continuer, passons à autre chose. Il ne sait pas bien gérer dans les sentiments sombres. Il va de l'avant, je pense que c'est une question de survie pour lui. » L'intéressé n'a évoqué publiquement qu'une seule fois le décès de son fils, dans un tweet où il insiste[42] : « J'ai senti son dernier battement de cœur. » Avant de s'appuyer sur cette expérience pour justifier le fait qu'il ne rétablirait pas le compte Twitter du conspirationniste d'extrême droite Alex Jones, qui a qualifié la tuerie de l'école primaire Sandy Hook de « mensonge » (26 personnes ont été tuées, dont 20 enfants). « Je n'ai aucune pitié pour quiconque utiliserait la mort d'enfants à des fins lucratives, politiques ou de célébrité », dit Musk.

Six semaines après la mort de son fils, Justine Musk visitait une clinique spécialiste de fertilité et entamait l'éprouvant processus de fécondation *in vitro*. Elle a accouché de jumeaux en 2004 et de triplés en 2006, que des garçons. Et « l'ex » de décrypter cet événement comme l'illustration de la volonté de fer de Musk : « Elon fait ce qu'il veut. Si vous voulez ce qu'il veut, la vie peut être très excitante – c'est comme ça qu'il séduit les gens : il puise dans un rêve partagé. Mais il règne par la force de sa volonté. Ça a un prix, parfois pour Elon, parfois pour ses proches, mais quelqu'un finit toujours par payer. [...] Il est comme un ours. C'est un homme grand, volontaire et puissant. Il peut être espiègle, drôle et s'amuser avec vous, mais à la fin vous devez toujours composer avec un ours. »

42. Justine Musk a réagi, également sur Twitter/X.com, afin de préciser : « Non que cela importe à quiconque, excepté moi, parce que c'était l'un des moments les plus sacrés et décisifs de ma vie, mais c'était moi qui le tenais entre mes bras. »

Ce comportement s'observe dès leur rencontre, à l'université Queen's au Canada. Lorsqu'elle accepte un premier rendez-vous candide autour d'une glace, elle lui pose un lapin. Le séducteur chausse alors ses gros sabots et s'en va questionner une amie de Justine sur ses goûts, en matière de crème glacée, mais pas que. Pour finalement s'imposer à elle, alors qu'elle planchait sur un devoir d'espagnol, avec deux cornets de glace au chocolat. Ce comportement « *pushy* » émaille leurs débuts : malgré les refus de Justine, Elon Musk s'impose constamment. « Il appelait avec beaucoup d'insistance, dit-elle à Ashlee Vance[43]. On savait toujours que c'était Elon parce que le téléphone ne s'arrêtait jamais de sonner. Cet homme ne considère jamais un non comme une réponse. Pas moyen de s'en débarrasser. Je le vois comme le *Terminator*. Il verrouille son regard sur quelque chose et dit : "Je l'aurai." Peu à peu, il m'a eue. » *Sic*.

Elle ne le dira que bien plus tard, mais Justine devenue Musk n'a pris conscience de la misogynie de son partenaire qu'au cours de leur réception de mariage. Lors d'une danse, Elon Musk l'attrape et lui glisse à l'oreille, pervers : « Je suis l'alpha de notre relation[44]. » Deux mois plus tard, il lui intimait de signer un accord financier postnuptial qu'elle regrettera amèrement, et s'engagea dans cette lutte de pouvoir permanente qu'allait devenir leur relation. « Il faisait constamment remarquer les insuffisances qu'il me trouvait, raconte-t-elle encore. "Je suis ta femme, pas ton employée", lui disais-je sans cesse. "Si tu étais mon

43. Ashlee Vance, *op. cit.*
44. *Ibid.*

employée, je te virerais", répondait-il tout aussi souvent. » Les difficultés du couple demeureront longtemps le secret de leur intimité. Justine Musk, devenue romancière, affichera plutôt sur son blog leur vie rêvée de jeunes millionnaires dans les beaux quartiers de Los Angeles. Le ton est enjoué et l'ensemble se veut toujours très valorisant pour « E ». Bien avant l'avènement d'Instagram et autres réseaux sociaux, le jeu de l'affichage numérique bat déjà son plein. Néanmoins, à partir de 2008, la tonalité du blog change, Justine disant « accepter certaines vérités », comme quand elle raconte comment Elon Musk reste collé devant un jeu vidéo tandis qu'elle doit jouer la parfaite épouse et lui apporter des sandwichs. Jusqu'à « comprendre qu'[elle est] sur une île déserte », et d'officialiser leur divorce. Divorce qui fait les gros titres de la presse people californienne, qui note que, dans la foulée, Elon Musk a été aperçu en compagnie d'une actrice d'à peine 23 ans, Talulah Riley. Ce moment fut surtout l'occasion pour Justine Musk de raconter l'extrême rudesse de son ex-mari.

Comme sur les préparatifs et la (très) rapide exécution de la séparation : « Le divorce, pour moi, c'est comme la bombe qu'on fait exploser quand toutes les autres options ont été épuisées. Je n'avais pas encore renoncé à l'option diplomatie [...] Nous en étions encore aux premiers stades de la consultation conjugale (trois séances au total). Elon, cependant, a pris les choses en main – il a tendance à aimer ça – lorsqu'il m'a donné un ultimatum : "Soit nous arrangeons [le mariage] aujourd'hui, soit je divorce demain." Cette nuit-là, et encore le lendemain matin, il m'a demandé ce que je voulais faire. [...] J'ai suggéré que "nous" attendions au moins une autre semaine. Elon a hoché la tête, m'a touché le haut du crâne et est parti. Plus tard, [quand] j'ai essayé de régler un achat, j'ai découvert qu'il avait bloqué ma carte de crédit ; c'est à ce moment-là que j'ai su qu'il avait sauté le pas et déposé [la demande de divorce] (Elon ne me l'a pas dit directement, il a envoyé quelqu'un d'autre le faire). Cinq ou six semaines plus tard, il m'a envoyé un texto pour dire que lui et Talulah Riley étaient fiancés. »

Sexisme

À partir de là, Musk multiplie les aventures, comme une sorte de revanche sur cette adolescence pendant laquelle, nous raconte son père, « il a beaucoup été rejeté [par les filles], ce qu'il a vécu comme une grande frustration ». Comme aussi un moyen de personnifier le costume de super-héros playboy qu'il se rêve, notamment en courtisant surtout des actrices, dont la Britannique Talulah Riley, l'Américaine Amber Heard et l'Australienne Natasha Bassett, mais aussi la chanteuse canadienne Grimes (avec qui il a eu deux enfants), ou encore Shivon Zillis, une directrice de projet chez Neuralink (avec qui il a eu deux enfants). Un simple sujet de mœurs ? Pas seulement.

À l'été 2022, le très sérieux *Wall Street Journal* révèle[45] qu'Elon Musk a eu une aventure avec Nicole Shanahan, la femme de Sergey Brin, le cofondateur de Google et son ami de longue date. Une liaison qui a conduit au divorce

45. Kristen Grind et Emily Glazer, *Wall Street Journal*, 2022, *https://www.wsj.com/articles/elon-musk-affair-sergey-brin-wife-divorce-11658674840.*

du couple, mais qui a aussi marqué une rupture nette dans l'amitié entre les deux pontes de la Silicon Valley. Musk voyait Brin très régulièrement (il logeait notamment chez lui) et ils papotaient volontiers business : le cofondateur de Google a en effet apporté 500 000 dollars à Tesla en 2008, lorsque le constructeur était au bord de la faillite, et a acquis l'un des premiers Roadsters à être sortis d'usine. Sauf que dans la foulée de l'adultère, Sergey Brin a demandé à revendre toutes ses parts dans les entreprises de Musk. Ce dernier a démenti la liaison, la qualifiant[46] de « foutaise », se justifiant en disant « ne pas avoir eu de relation sexuelle depuis longtemps ». Nicole Shanahan, en pleine négociation sur son divorce, a également démenti[47] : « Est-ce que j'ai couché avec Elon, dans un moment de passion fugace ? Non. Est-ce que nous avons eu une relation romantique ? Non. » Le *Wall Street Journal* maintient toutefois ses affirmations[48].

Reste l'impact de la vie privée d'Elon Musk sur ses entreprises. D'autant plus quand son rapport aux femmes n'est pas que séduction candide. Le site Business Insider a révélé[49] que le magnat enjôleur a en effet été accusé par une hôtesse de l'air de SpaceX d'avoir retiré son pantalon et frotté son pénis contre elle, lui proposant un acte sexuel

46. Elon Musk, message sur Twitter/X.com, 25 juillet 2022, *https://twitter.com/elonmusk/status/1551386634741895170*.
47. Nick Maslow, *People*, 2023, *https://people.com/nicole-shanahan-moving-on-1-year-after-elon-musk-sergey-brin-story-exclusive-7556751*.
48. Kenzie Bryant, *Vanity Fair*, 2022, *https://www.vanityfair.com/style/2022/07/wsj-report-elon-musk-affair-with-sergey-brins-wife*.
49. Rich McHugh, Business Insider, 2022, *https://www.businessinsider.com/spacex-paid-250000-to-a-flight-attendant-who-accused-elon-musk-of-sexual-misconduct-2022-5*.

en échange « d'un cheval » – l'entreprise lui aurait versé 250 000 dollars pour éviter un procès. « Si j'étais enclin à m'adonner à du harcèlement sexuel, il serait peu probable que ce soit la première fois en trente ans de carrière que ça sorte ! » réplique Musk au site. Dans la foulée, il s'en amuse sur Twitter[50] auprès du cofondateur de YouTube, tout en finesse : « OK, si tu touches mon pénis, tu auras un cheval. » Grossier.

Plus largement, le sexisme de Musk se voit de plus en plus dénoncé au sein de ses entreprises. Il ne fait pas de secret que l'homme se comporte en balourd à l'humour scabreux. Sur Twitter, il multiplie les messages à connotation sexuelle, à base de « 69 ». Il s'amuse[51] de l'idée de nommer une université Texas Institute of Technology Science, afin d'obtenir l'acronyme « Tits » (mot argotique qualifiant les seins d'une femme). Ajoutant en bon goujat : « Les bonnets D auront leur diplôme. » Plus récemment, il revendique[52] : « Je ne vais pas mentir, la testostérone assure. » Et cette misogynie n'est pas que facétie anodine. Le patron croit ainsi judicieux que les noms des différents modèles de Tesla soient les lettres permettant d'écrire « S3XY » (la société a d'ailleurs un temps commercialisé tee-shirts et tasses avec ce logo « sexy », et offrait même aux nouveaux employés un shorty en satin rouge pour femme avec l'inscription). Sans surprise, cette ambiance macho a des répercussions sur les femmes salariées. Chez Tesla,

50. Elon Musk, message sur Twitter/X.com, 20 mai 2022, *https://twitter.com/elonmusk/status/1527757119239380993*.
51. Elon Musk, messages sur Twitter/X.com, octobre 2021, supprimés depuis.
52. Elon Musk, message sur Twitter/X.com, 4 décembre 2022, *https://twitter.com/elonmusk/status/1599345615443746817*.

plusieurs d'entre elles rapportent une ambiance « obscène et misogyne ». Par exemple au Nevada, où une salariée s'est plainte de la diffusion constante de rap aux propos sexistes et vulgaires, mais aussi d'un collègue masculin qui ne cessait de lui faire des avances et a été jusqu'à la toucher. Sa plainte auprès des ressources humaines est restée sans réponse, et cette employée a été contrainte de démissionner, portant l'affaire devant le tribunal local[53].

Sept autres salariées poursuivent Tesla pour avoir toléré du harcèlement sexuel répété dans son usine de Fremont en Californie. « Les femmes décrivent un environnement dans lequel il est normal [qu'elles] se fassent siffler, [qu'elles soient] lorgnées, touchées de manière inappropriée et qu'elles fassent l'objet d'avances », expliquent leurs avocats. L'une d'elles, Jessica Barraza, témoigne[54] : « Mes collègues masculins disaient que j'avais "le corps d'une bouteille de Coca-Cola", des "gros seins" un "gros cul", un "*onion booty*" [terme pornographique désignant les fesses]… Après presque trois ans de remarques quotidiennes […] ça vous déshumanise. »

Une autre salariée, Alissa Blickman, raconte la même histoire[55] : « On s'habitue. C'était tout le temps des remarques du type : "Oh, je me la ferais bien", "je voudrais la baiser" ou "son cul mérite un 10/10". C'était du harcèlement sexuel et je me disais que tout le monde s'en moquait. » En effet, quand

53. Plainte Israel *vs* Tesla, déposée le 20 octobre 2022, *https://news.bloomberglaw.com/litigation/tesla-employee-says-rap-music-made-workplace-sexually-hostile*.
54. Faiz Siddiqui, *Washington Post*, 2021, *https://www.washingtonpost.com/technology/2021/11/19/tesla-sexual-harassment*.
55. *Rolling Stone*, 2022, *https://www.rollingstone.com/culture/culture-features/tesla-sexual-harassment-lawsuit-investigation-elon-musk-1234590697*.

Blickman s'est plainte, notamment de son manager qui la touchait régulièrement ou d'un collègue qui lui adressait des commentaires du type : « J'aime cracher au visage des filles que je baise », elle a été transférée à une tâche plus difficile, dans la zone la moins désirable de l'usine, avant d'être finalement licenciée. Aucun élément ne permet d'affirmer qu'Elon Musk lui-même est au courant de ce genre de situation. Pour autant, cette ambiance « *boys' club* » nauséabonde découle bien de son comportement macho soi-disant humoristique. « Sans aucun doute, analyse une salariée de Tesla[56]. Il y a des gens dans l'usine qui vénèrent Elon Musk comme un dieu. S'il se permet de parler comme ça, alors ils savent qu'ils le peuvent aussi. »

Macho

Le constat s'avère similaire chez SpaceX – qui revendique pourtant une politique du « zéro connard » (« *no-asshole policy* »). Ashley Kosak, une ancienne salariée du siège, décrit[57] l'entreprise comme « tellement en proie au sexisme que la seule solution pour les femmes est d'en partir », partageant nombre d'exemples d'agressions sexuelles, toutes restées sans sanction. Julia Crowley Farenga, une ancienne de SpaceX, qui a déposé une plainte pour harcèlement sexuel contre son manager,

56. *Ibid.*
57. Ashley Kosak, sur le blog Lioness.co, 2021, *https://www.lioness.co/post/at-spacex-we-re-told-we-can-change-the-world-just-don-t-try-to-stop-the-sexual-harassment.*

décrypte aussi[58] : « Ils se soucient plus du travail effectué que de l'ambiance de travail. Et si les employées femmes sont impactées négativement, et si leur travail en souffre, eh bien tant pis parce que le travail de ce mec est bon. » Dans la foulée, un groupe d'employés de SpaceX a partagé une lettre ouverte[59] disant que le comportement macho de Musk est « une source fréquente de distraction et d'embarras », appelant la direction à expliciter sa politique de tolérance zéro qui ne s'applique pas « aux directeurs ». SpaceX a annoncé avoir étudié les différentes plaintes, durant 24 heures, avant d'assurer avoir « licencié un certain nombre d'employés impliqués », sans plus d'explications, ni la moindre évocation du comportement du big boss.

Sans surprise, Twitter, à peine racheté, a basculé dans cette atmosphère délétère digne d'un autre temps. Juste avant la vague de licenciements, Elon Musk a insisté[60] sur combien « être mère est aussi important que n'importe quelle carrière », sous-entendant que ses salariées feraient mieux de se consacrer aux tâches domestiques – on note que le même phallocrate a décidé[61] de réduire le congé maternité chez Twitter au minimum légal, variable selon les États, descendant au plus bas, à deux semaines (contre 20 semaines auparavant). Dans la foulée de sa

58. Loren Grush, *The Verge*, 2021, *https://www.theverge.com/22831380/spacex-employees-harassment-workplace-misconduct-elon-musk*.
59. Loren Grush, *The Verge*, 2022, *https://www.theverge.com/2022/6/16/23170228/spacex-elon-musk-internal-open-letter-behavior*.
60. Elon Musk, message sur Twitter/X.com, 17 août 2022, *https://twitter.com/elonmusk/status/1559823434028400640*.
61. Information rapportée par la journaliste du *New York Times* Kate Conger, message sur Twitter/X.com, 25 avril 2023, *https://twitter.com/kateconger/status/1650971981909741572*.

purge d'employés, il a partagé une photo de ceux restants où il n'y a quasiment que des hommes – on aperçoit trois femmes parmi la trentaine de salariés. Un cliché choquant quand il est mis en parallèle[62] d'une photo d'employés de Twitter juste avant le rachat où seuls sept hommes sont présents parmi une quarantaine de femmes.

62. Notamment par la journaliste américaine Lauren Chen, message sur Twitter/X.com, 19 novembre 2022, *https://twitter.com/TheLaurenChen/status/1594101861564534784*.

Le faux visionnaire

« *Désolé, pédophile, tu l'as cherché.* »
Elon Musk sur Twitter/X.com, 2022

Entre deux notes de saxophone, voilà qu'Elon Musk s'avance[1] sur la scène du *talk-show* humoristique *Saturday Night Live* (SNL), tout de noir vêtu, en costume et tee-shirt, les traits parfaitement lissés, les cheveux soigneusement coiffés, le maquillage un brin poussé, les yeux rivés sur le prompteur. Il entame un monologue, parfaitement calibré, où il révèle être atteint du syndrome d'Asperger, une forme d'autisme. « Je sais bien que parfois je dis ou je poste [sur Twitter] des choses étranges, mais c'est la façon dont mon cerveau fonctionne. À toutes les personnes que j'ai pu offenser, je souhaite simplement dire : "J'ai réinventé la voiture électrique et j'envoie des gens sur la planète Mars, vous pensiez vraiment que j'étais un gars normal ?" » Quand on interroge ses proches, aussi bien dans le cercle

1. Elon Musk, *Saturday Night Live*, 2021, *https://www.youtube.com/watch?v=fCF8I_X1qKI.*

personnel que professionnel, « normal » n'est pas l'adjectif utilisé pour qualifier Musk. Il suffit de le voir, lors de discours ou d'interviews filmées, dans ce corps trop grand pour lui, avec ce côté malhabile et chancelant, toujours plein de mimiques. Le quinqua semble en décalage. À une question simple (« Comment avez-vous amélioré votre fusée ? »), il peut répondre par une interminable litanie technique, tandis qu'une sérieuse (sur les éventuelles difficultés de Tesla avec le gouvernement chinois) peut déboucher sur un sec « non ». Michel de Rosen, président de l'équipementier automobile Faurecia et ancien P.-D.G. de l'opérateur français de satellites Eutelsat, me raconte cet aspect insondable : « La première fois, je l'ai rencontré à son bureau chez SpaceX. J'ai commencé par une blague, pas bien drôle, et il m'a regardé comme s'il ne m'avait pas entendu. C'est quelqu'un qui se fout des échanges d'amabilité et va droit au but. » Asperger apparaît comme l'ultime justification de sa manière d'être, rustre et en décalage. Lors du « SNL », déguisé en Wario, l'ennemi de Super Mario, il ne dit pas autre chose : « Je ne suis pas diabolique, mais seulement incompris. »

Autiste savant

Lors d'une conférence TED[2], l'intéressé partage son enfance en tant qu'autiste, appuyant sur tous les stéréotypes du genre : « Les autres comprenaient intuitivement ce que signifiait quelque chose [alors que moi,] je prenais

2. Elon Musk, TED, 2022, *https://www.youtube.com/watch?v=cdZZpaB2kDM*.

les choses très littéralement, comme si les mots prononcés étaient exactement ce qu'ils voulaient dire. Mais c'était faux. [Les gens] ne disent simplement pas exactement ce qu'ils veulent dire, il y a toutes sortes d'autres choses signifiées. Il m'a fallu un certain temps pour comprendre ça. » S'il ne précise pas quand il a été diagnostiqué autiste « Asperger » (terme récusé par les médecins depuis les années 2010 et que l'on ne retrouve plus que dans les médias et sur certains sites d'« autodiagnostic »), on suppose que cela est plutôt récent. Ses parents ont raconté que les médecins ont bien eu des doutes durant l'enfance sur ses aptitudes, le faisant notamment tester pour une éventuelle surdité, jamais pour de l'autisme. En 2015, son biographe Ashlee Vance rapporte que, « dans la Silicon Valley, [il y a une tendance] à qualifier d'autiste ou de victime du syndrome d'Asperger quiconque se montre un peu bizarre ou différent. C'est de la psychologie de bistrot, car ces affections sont intrinsèquement difficiles à diagnostiquer ou même à codifier. Coller cette étiquette à Musk semble trop facile et trop rapide. » Le narratif semble avoir évolué. Et le patron de s'en revendiquer, avec ses gros sabots. Notamment auprès de son second biographe, Walter Isaacson, auquel il confie ses difficultés d'enfance liées à l'autisme[3] : « Quand les gens disaient quelque chose, je les prenais au mot. C'est seulement en lisant des livres que j'ai fini par me rendre compte qu'ils ne disent pas forcément ce qu'ils pensent vraiment. » Ce qui expliquerait, d'après l'auteur, son penchant pour « les choses plus exactes, comme l'ingénierie, la physique et le codage ». L'exposé

3. Walter ISAACSON, *op. cit.*

apparaît caricatural. Comme si Musk souhaitait, par ce partage d'un diagnostic, s'inscrire dans les pas de personnages autistes de la pop culture, depuis *Rain Man* jusqu'à *The Big Bang Theory*, plutôt que de réellement explorer les problématiques propres au spectre autistique.

Au passage, il s'approprie l'archétype construit médiatiquement et qui ne repose sur aucune base scientifique de « l'autiste savant », dans sa version moderne du « génie geek ». Lors de la conférence TED, Musk s'en réclame : « J'ai trouvé gratifiant de passer toute la nuit à programmer des ordinateurs, tout seul. La plupart des gens n'aiment pas taper seuls des symboles étranges sur un ordinateur toute la nuit, mais j'ai vraiment aimé ça. » Tout est fait pour jouer du registre de la confidence tandis qu'il surfe sur tous les stéréotypes du parallèle fréquent (et pourtant faux) entre férus d'informatique et autistes, en particulier Asperger. « La représentation de l'autisme en utilisant le stéréotype du geek est une confusion qui a une bonne vingtaine d'années et qui perdure, déplore[4] Marion Coville, autiste et maîtresse de conférences en sciences de l'information à l'Institut d'administration des entreprises de Poitiers. On réduit à une question d'individu qui n'aurait pas d'empathie, qui préfère les chiffres et les machines aux relations humaines. C'est condescendant. » Rappelons que le « syndrome d'Asperger » est un diagnostic régulièrement critiqué chez les spécialistes, avec des préjugés faux et biaisés, tel que l'*a priori* d'une grande intelligence. Sauf qu'« il n'y a que 10 % des personnes avec un trouble du

4. Xavier de La Porte, « Le code a changé », 2022, *https://www.radiofrance.fr/franceinter/podcasts/le-code-a-change/le-mythe-du-geek-autiste-episode-1-la-grande-histoire-6393885.*

spectre de l'autisme qui ont un haut potentiel intellectuel, précise[5] Alexandre Yailian, médecin hospitalier en charge d'une unité pour les adultes autistes à Montpellier. Être Asperger, c'est avoir un QI normal, sans retard de langage ou dans les apprentissages dans l'enfance. » Autre mythe : le manque d'empathie. « Il est important de souligner que les capacités d'empathie peuvent varier d'une personne à l'autre, indépendamment de leur condition autistique », tance[6] l'association Le Silence des Justes, dédiée à l'autisme en France.

En reprenant tous ces clichés, Elon Musk se glisse dans un moule. Un moule confortable dans un sens, puisque depuis plus de vingt ans, depuis l'article « The Geek Syndrome » du magazine *Wired*, la Silicon Valley plébiscite les « *shiny Aspie* », cette idée préconçue de personnes Asperger particulièrement douées avec l'informatique, capables de prouesses et dont la seule expression de l'autisme se résumerait à une certaine maladresse sociale. « Ça donne des discours managériaux qui expliquent aux entreprises qu'il faut embaucher des autistes parce qu'ils sont loyaux, respectueux, mais surtout parce qu'ils sont passionnés, travaillent sans compter et surtout sans se plaindre, soupire Marion Coville. C'est un discours qui va déshumaniser les personnes autistes, les présentant comme des super-calculateurs légèrement humains, et ça laisse surtout entendre qu'ils n'ont pas de besoins spécifiques. » L'activiste autiste américaine Lydia X. Z. Brown

---

5. Debbie Jacquot, *Slate*, 2020, *https://www.slate.fr/story/187830/autistes-asperger-medecin-nazi*.
6. « Les mythes courants sur l'autisme déboulonnés », *Le silence des justes*, 2023, https://lesilencedesjustes.fr/les-mythes-courants-sur-lautisme-deboulonnes/.

critique[7] ainsi ce mythe du « *shiny Aspie* » embrassé par Musk, qu'elle désigne comme « quelqu'un fier d'avoir le syndrome d'Asperger mais qui s'efforce de se distancier des personnes atteintes de formes d'autisme plus visibles et d'apparaître aussi non-handicapé que possible ». Difficile de trancher sur les motivations exactes d'Elon Musk dans sa revendication. Une diagnostiquée Asperger me glisse : « Je me demande s'il ne cherchait pas simplement à s'attirer la sympathie du public. » Pourquoi pas. Une hypothèse moins aimable consiste à y voir la justification ultime de son côté rustre, de ses colères régulières, et surtout de son manque d'empathie chronique. En somme, une opération de communication pour adoucir son image, tout en appuyant cette perception qu'il aime tant de lui en « génie ».

Mauvais génie

« Qui dit Einstein dit génie. Depuis sa théorie de la relativité et sa célèbre équation $E = mc^2$ jusqu'à sa théorie du champ unifié, nul n'a autant contribué à la science du XXe siècle », résume Walter Isaacson dans sa biographie du physicien germano-américain[8]. Un ouvrage qu'Elon Musk aime à citer dans ses lectures de référence. Tellement que l'entrepreneur s'est pris à se penser en successeur, voire à s'imaginer capable de le surpasser. « Einstein était génial, mais n'a pas réussi en ingénierie (et il a essayé) »,

---

7. Emer Lucey, *The Drift Mag*, 2022, *https://www.thedriftmag.com/a-little-spectrum-y*.
8. Walter Isaacson, *Einstein : La vie d'un génie*, Guy Trédaniel, 2013.

cingle-t-il[9]. Et ses proches semblent y croire. « Il a tout appris sur [Nikola] Tesla [inventeur du courant alternatif] et Einstein. Il a appris tout ce qu'ils savaient et il essaie de passer au niveau supérieur, partage Dolly Singh, responsable des recrutements chez SpaceX entre 2008 et 2013, dans le documentaire *The Elon Musk Show*[10]. [Lorsqu'il] aura fini de construire son héritage, il sera incontestable qu'il est une combinaison d'Einstein, de Tesla et de [John] Rockefeller. » Rien que ça. Le patron paraît persuadé de son génie et de sa supériorité intellectuelle. Cette suffisance transparaît par exemple lors de ses entretiens d'embauche. Ashlee Vance raconte[11] combien le bonhomme aime titiller les postulants avec une devinette : « Vous êtes sur la surface de la Terre. Vous marchez un kilomètre vers le sud, un kilomètre vers l'ouest et un kilomètre vers le nord. Vous vous retrouvez exactement à votre point de départ. Où êtes-vous ? » Si la plupart des ingénieurs répondent correctement « au pôle Nord », le patron poursuit : « Où encore pourriez-vous être ? » Et, plus qu'attendre l'autre réponse (quelque part du côté du pôle Sud, là où la circonférence de la Terre se réduit à un kilomètre), Musk prend surtout un malin plaisir à expliquer la solution, génie qu'il est. Comme un gosse vantard.

Les médias, d'abord américains, puis mondiaux, ont une responsabilité dans cette propension à accoler le nom d'Elon Musk avec les qualificatifs de « génie » et de

9. Elon Musk, message sur Twitter/X.com, 4 novembre 2020, *https://twitter.com/elonmusk/status/1323979950504902657*.
10. Kate Fleetwood, « The Elon Musk Show », BBC Two, 2022.
11. Ashlee Vance, *op. cit.*

« visionnaire ». En 2015, dans un podcast[12], l'astrophysicien américain Neil deGrasse Tyson déroule toutes les composantes de l'oracle Elon Musk, qui aurait, dit-il, réfléchi sa vie à partir d'une interrogation formulée dès l'université : « Qu'est-ce qui affectera le plus l'avenir de l'humanité ? » L'intéressé de lister alors cinq éléments : « Internet ; l'énergie durable ; l'exploration spatiale, en particulier l'extension de la vie au-delà de la Terre ; l'intelligence artificielle ; et reprogrammer le code génétique humain. » Comme il est pratique de narrer ses divinations *a posteriori* et de réécrire l'histoire pour s'imposer en prophète.

« Tout le monde est un génie, mais si vous jugez un poisson sur ses capacités à grimper à un arbre, il passera sa vie à croire qu'il est stupide », aurait dit Albert Einstein, manière de temporiser la perception de ses différents talents. Musk n'a pas cette modestie et n'accepte pas ses limites. Pis, il pense que toutes ses idées, même les plus farfelues ou les plus grotesques, sont forcément géniales. Pourquoi ? Parce que ses entreprises ont enregistré des succès. C'est mince, mais cela a longtemps suffi à nombre d'observateurs, peu importe l'absurdité ou l'entêtement de certaines de ses décisions. Un exemple frappant : durant l'été 2018, douze enfants et leur entraîneur de football se réfugient dans la grotte de Tham Luang, au nord de la Thaïlande, pour s'abriter d'une rapide montée des eaux. Sauf que la rivière souterraine les bloque à l'intérieur pendant dix jours. Le seul itinéraire de sortie possible consiste à emprunter des passages submergés et très étroits. Les secours tentent bien de pomper l'eau, en

12. Neil deGrasse Tyson, « The Future of Humanity with Elon Musk », 2015, *https://startalkmedia.com/show/the-future-of-humanity-with-elon-musk*.

vain. Tandis que différentes opérations de sauvetage sont élaborées, Elon Musk se prend à vouloir participer. Et avance l'idée d'un mini-sous-marin pour rejoindre les enfants. Il mobilise une dizaine d'ingénieurs de Tesla, SpaceX et The Boring Company pour élaborer un prototype en moins de trois jours. « J'ai l'une des meilleures équipes d'ingénieurs au monde, qui conçoivent normalement des vaisseaux spatiaux et des combinaisons spatiales, et qui travaillent sur ce projet vingt-quatre heures sur vingt-quatre », clame-t-il. Comme toujours avec lui, toute l'opération se fait à grand renfort de messages héroïques publiés sur Twitter.

L'initiative se voit amplement commentée par la presse, en particulier anglo-saxonne, le magnat érigé en ingénieur altruiste. Sauf que les sauveteurs ne cessent de faire part des leurs doutes au vu de l'étroit passage. Qu'importe, l'engin est conçu, assemblé, testé à Los Angeles et envoyé en Thaïlande. Mais, une fois sur place, il se voit très officiellement rejeté. « L'équipement qu'il a apporté pour nous aider n'est pas pratique pour notre mission, déclare Narongsak Osottanakorn, chef de l'opération de sauvetage. Même si l'équipement est doté d'une technologie de pointe, il ne correspond pas à notre mission dans la grotte. » Finalement, les enfants et leur entraîneur sont secourus par des plongeurs experts en spéléologie, épaulés notamment par l'Anglais Vernon Unsworth. Ce dernier, dans la foulée du *happy end* (adapté ensuite au cinéma par Ron Howard), médit de l'initiative du milliardaire, qualifiée de « coup de pub » sur CNN[13] : « Ça n'avait absolument

13. Rebecca Wright et Hilary Clarke, CNN, 2018, *https://edition.cnn.com/2018/07/13/uk/thai-cave-rescue-british-divers-intl/index.html.*

aucune chance de fonctionner. Il n'avait aucune idée de ce à quoi ressemblait le passage de la grotte... Il peut se mettre son sous-marin où je pense ! » Le sang de Musk ne fait qu'un tour. Et de beugler sur Twitter[14] : « Nous allons faire une vidéo du mini-sous-marin allant jusqu'à la grotte. Désolé, pédophile, tu l'as cherché. » Un procès plus tard, le patron s'excuse platement auprès du plongeur, mais se voit blanchi de toute diffamation (au procès, il argue que le qualificatif « pédophile » est largement utilisé dans son Afrique du Sud natale). En revanche, le mini-sous-marin n'a jamais été filmé en train de réussir à rejoindre la grotte. Et, si Musk ne l'admet pas, son agitation n'a pas servi à grand-chose, si ce n'est participer à la publicité de la marque « Elon Musk ».

Il n'empêche, cet épisode n'a pas égratigné son aura. Aura qu'Elon Musk a appris à monétiser, même avec ses concepts les plus crétins. Ainsi, lorsqu'il crée fin 2016 The Boring Company (« l'entreprise ennuyeuse »), dont la mission première est de résoudre les bouchons routiers en construisant des tunnels, plutôt que de lever des fonds de manière classique, il lance une gamme de produits dérivés. En quelques mois, plus de cinquante mille casquettes avec le logo de la société sont écoulées. À 20 dollars l'unité, elles génèrent un million de dollars de recettes. Et le patron de jouer les fantasques : « Après cinquante mille casquettes, nous commencerons à vendre un lance-flammes de The Boring Company. » Le concept farfelu s'est traduit en prototype, fondé sur une modification de fusil « airsoft ». Les mille premiers exemplaires s'écoulent en quelques minutes. Plus

14. Le message a été depuis supprimé.

de vingt-mille lance-flammes sont vendus, à 500 dollars pièce, générant plusieurs millions de dollars pour la société.

Sauf que la blague extravagante a tourné court. Mal employé, un lance-flammes présente de nombreux dangers, d'abord de se brûler, mais aussi de s'asphyxier s'il est utilisé dans un lieu fermé. Autant de risques qu'a pris Elon Musk[15], dans les couloirs du studio de Joe Rogan, l'animateur du podcast complotiste le plus écouté des États-Unis. Et le patron d'expliquer : « On nous a dit que certains pays interdiraient son transport, qu'ils interdiraient les lance-flammes. Pour régler la question auprès des douanes, nous l'avons nommé "Not a Flamethrower" ["pas un lance-flammes"]. Je pense que ça a marché. » Eh bien non. Plus de mille acheteurs ont eu des démêlés avec la justice. Comme l'Américain Max Craddock, qui a cru bon de l'emporter en vacances en Italie et s'est retrouvé en cellule, ou le Britannique John Richardson, qui a vu la police londonienne spécialisée dans le trafic d'armes débarquer chez lui. Une fin en eau de boudin pour une autre idée pas si géniale du magnat.

Sauveur spatial

Mais cette étiquette de « visionnaire » doit lui coller à la peau. En tout cas, Elon Musk fait tout pour, quitte à réécrire son histoire. Un exemple caractéristique : la conquête de Mars. L'intéressé aime à raconter

15. La séquence est disponible sur YouTube, 2018, *https://www.youtube.com/watch? v=Dk_-DxyiQe4*.

à qui veut l'entendre comment, petit, il construisait des modèles réduits de fusées et rêvait d'exploration spatiale. Et tous ceux qui l'ont croisé plus jeune ont tendance à se remémorer son appétence pour les étoiles. Mieux, les analystes lisent dans toutes ses actions une stratégie ficelée pour la conquête de la planète rouge : SpaceX construit les fusées, Tesla les véhicules électriques qui circuleront là-bas, The Boring Company les tunnels à emprunter, Solar City les panneaux photovoltaïques nécessaires pour produire de l'énergie, etc. De quoi conférer à Musk cette aura mi-visionnaire mi-cow-boy de l'espace, et lui prêter un but d'ampleur pour l'humanité tout entière. En ce sens, Walter Isaacson semble avoir succombé à ses élucubrations de « techno-gourou ». Il explique qu'Elon Musk est fasciné par le « paradoxe de Fermi », du nom du physicien italien Enrico Fermi, prix Nobel en 1938, qui s'interrogeait : « S'il y avait des civilisations extraterrestres, leurs représentants devraient être déjà chez nous. Où sont-ils donc ? » L'existence d'autres formes de vie semble mathématiquement logique, mais l'absence de preuves remet en cause la possibilité que l'espèce humaine soit la seule vie consciente. « Nous avons cette flamme délicate de la conscience qui vacille, raconte Musk à son biographe[16]. Et c'est peut-être le seul exemple de cette conscience. Il est donc essentiel de la préserver. Si nous sommes capables d'aller sur d'autres planètes, la durée de vie probable de la conscience humaine sera bien plus longue que si nous restons bloqués sur une Terre exposée au risque d'être heurtée par un astéroïde ou de détruire sa civilisation. »

16. Walter Isaacson, *op. cit.*

Voilà un discours bien grandiloquent sur le besoin de dépassement vers l'espace. L'intéressé les multiplie ces dernières années, trouvant toujours des oreilles attentives. Un autre exemple: « Je pense qu'il y a deux voies fondamentales: une consiste à rester sur Terre pour toujours et affronter un événement d'extinction; [...] une alternative consiste à devenir une espèce multiplanétaire », a-t-il résumé lors du Congrès international d'astronautique. Sauf que, si son entreprise privée d'aérospatiale a été fondée avec l'idée d'un jour gagner Mars, rien n'a été stratégiquement pensé comme un tout, dans l'optique d'accomplir cet immense objectif. Pour une raison simple: avant 2001, Elon Musk ne connaissait rien à l'espace et n'avait jamais envisagé de rejoindre la Planète rouge.

Le point de départ se situe mi-2001, un an avant la création de SpaceX. Musk a alors considérablement perdu de son influence chez PayPal, au profit de Peter Thiel, devenu P.-D.G. En tant que plus gros actionnaire et membre du conseil d'administration, il sait que plusieurs sociétés souhaitent alors racheter l'entreprise et qu'il s'apprête à considérablement s'enrichir. Il a donc du temps pour réfléchir à sa prochaine ambition, et surtout une montagne d'argent s'apprête à débarquer dans son compte en banque (le rachat par eBay est finalisé en juillet 2002, Musk empochera 180 millions de dollars – une centaine sera réinvestie dans SpaceX). À l'été 2001 donc, c'est en curieux qu'Elon Musk participe à un pince-fesses à la prestigieuse université de Stanford organisé par la Mars Society. Cette association de passionnés d'espace a l'ambition d'inciter le gouvernement américain à relancer l'exploration spatiale, en particulier vers Mars – ses membres aiment au passage déplorer le manque d'ambitions de la NASA. Lors du coquet dîner, Musk est particulièrement choyé : il est placé à côté du réalisateur James Cameron, passionné d'espace, et d'une chercheuse à la NASA spécialiste de Mars. L'association tente alors de lever des fonds et bichonne les millionnaires à sa table. Pari réussi. Musk adhère immédiatement à la Mars Society et fait une donation de 100 000 dollars.

Plus que rejoindre une association, le magnat a surtout bu les paroles de son charismatique fondateur et président, Robert Zubrin. Cet ingénieur dans l'aérospatiale est ce que les Américains qualifient d'« *evangelist* » : après avoir travaillé pour le fabricant d'armes Lockheed Martin, il s'est dédié à partir de 1990 corps et âme à formuler une stratégie pour conquérir la planète Mars, en anticipant tous les besoins potentiels. Cet appétit martien est une réaction à un contexte : l'année précédente, le président George Bush (le père) a commandé à la NASA un rapport sur le meilleur moyen de reprendre l'exploration spatiale habitée, avec Mars comme objectif. La réponse – une mission ultra-complexe et hors de prix – laisse un goût amer aux passionnés, dont Zubrin, qui planche sur une contreproposition simplifiée et bien plus accessible. Son concept, baptisé « Mars Direct », peut être grossièrement résumé ainsi : produire directement du carburant depuis la Planète rouge (pour ne pas avoir à le transporter à l'aller) et envoyer automatiquement de grosses fusées deux ans avant l'arrivée des astronautes (qui auront un vaisseau prêt pour revenir). En 1996, Zubrin étoffe son idée avec son best-seller *The Case for Mars*[17], dont le sous-titre est

17 Robert Zubrin, *Cap sur Mars*, Henri Goursau, 2004.

sans ambiguïté : « Le plan pour coloniser la Planète rouge et pourquoi nous devons le faire ». C'est à partir de là que l'intérêt pour l'exploration martienne se développera chez les férus de spatial aux États-Unis.

Ainsi, tout l'éveil de Musk sur le sujet tient aux réflexions de Zubrin. « Quand j'ai rencontré Elon, c'était clair qu'il avait un esprit scientifique et qu'il comprenait les principes scientifiques, bien qu'il ne connût rien aux fusées », raconte l'ingénieur[18]. Il ajoute[19] : « [Elon Musk] veut la gloire éternelle pour avoir accompli de grandes actions, et il est un atout pour la race humaine, car il définit une grande action comme quelque chose de grand pour l'humanité. Il est avide de gloire. L'argent est pour lui un moyen, pas une fin. » Devenu riche en centaines de millions, Musk décide que sa « grande action » sera de conquérir Mars. Il fonde SpaceX et focalise son entreprise sur ce but. « Quand on arrive chez SpaceX, on se rend compte combien Mars est la raison d'être de l'entreprise, me décrit Sibylle Delaporte, ingénieure aérospatiale française, qui a travaillé deux ans pour la firme. J'ai été la première non-Américaine embauchée chez eux et la conquête de Mars ne me parlait pas trop. Sauf que là-bas, tout le monde est super motivé par cet objectif presque inatteignable, tout le monde se surpasse pour ça. Il y a des images de Mars partout, dans les couloirs, sur les mugs, les tee-shirts… Finalement, j'ai été convaincue par cette idée que l'humanité doit devenir multiplanétaire. Cette vision,

18 Amit Katwala, *Wired*, 2018, *https://www.wired.co.uk/article/whats-driving-elon-musk*.
19 Molly Ball, Jeffrey Kluger et Alejandro de La Garza, *Time*, 2021, *https://time.com/person-of-the-year-2021-elon-musk*.

on l'approuve ou pas, mais ça fait du bien que quelqu'un la propose. » Une ambition Jules-Vernienne, presque point par point inspirée par Robert Zubrin. « Le plan [d'Elon Musk] est basé dans une large mesure sur mon propre travail, Mars Direct, confirme l'ingénieur[20]. J'étais de ceux qui ont contribué à le convaincre de faire de Mars sa vocation. » Il faut bien sûr y ajouter un délire mégalo. Son ex-femme Talulah Riley assure qu'il tient « absolument à être le premier homme sur Mars », confirmant l'*hubris* de la démarche.

Quant au succès économique, il convient de rappeler qu'à l'origine, Musk n'envisage pas du tout de construire ses propres fusées, mais d'acheter des missiles balistiques intercontinentaux à des fabricants russes, pour ensuite les remanier afin de les envoyer vers Mars. Mais, face à leur refus moqueur devant une rangée de shots de vodka, et toujours empli de cette arrogance de savoir mieux faire et moins cher que les autres, Musk lance sa propre ligne de fabrication de fusées. Si tous les observateurs du secteur se disent d'abord « voilà encore un millionnaire qui vient cramer sa fortune dans une industrie difficilement rentable », le patron fait preuve de ténacité dans sa nouvelle ambition de « réduire considérablement le coût d'accès à l'espace » en proposant des fusées dont une partie est réutilisable. Le sémillant patron tient à sa logique, se jouant de l'analogie avec l'avion : « Comparez cela à un avion de ligne commercial – chaque nouvel avion coûte à peu près le même prix qu'[une fusée] mais peut voler

20. Robert Zubrin, *National Review*, 2020, *https://www.nationalreview.com/2020/02/mars-elon-musk-plan-to-settle-red-planet*.

plusieurs fois par jour et effectuer des dizaines de milliers de vols au cours de sa vie, détaille le site de l'entreprise. Un lanceur spatial réutilisable pourrait réduire au centuple le coût du voyage dans l'espace. » Et qu'importe l'équation économique – chaque réutilisation nécessite de coûteuses réparations. Qu'importent aussi les nombreuses promesses non tenues et les retards systématiques. Qu'importent enfin les nombreux échecs. Parce qu'il faudra attendre 2012 pour que SpaceX réussisse – en partie – à faire convenablement décoller une fusée Falcon.

Ce n'est qu'à partir de 2016 que les vols réussis se multiplieront. Pas de quoi faire douter Elon Musk qui, tel un cador du secteur, s'est présenté à François Hollande, lors d'un déplacement dans la Silicon Valley en 2014, sans l'ombre d'un doute : « Monsieur le Président, nous allons tuer votre fusée [Ariane]. Les Européens ont tout faux et leurs lanceurs sont trop chers. Je vais réduire les coûts et inventer des fusées réutilisables pour aller sur la Lune et sur Mars. » Présent, Gilles Rabin, conseiller du président du Centre national d'études spatiales (Cnes), se souvient d'une séquence forte, qui a marqué les politiques français. « Surtout que tout ce qu'il a dit ce jour-là s'est révélé exact et, en quelques années, il a conçu le meilleur lanceur du monde. » Il a en tout cas su imposer au monde sa vision d'une fusée aux coûts réduits. Désormais, SpaceX facture un lancement entre 50 et 67 millions de dollars à des clients privés, quand l'Européen ArianeGroup est systématiquement aux alentours des 100 millions de dollars. D'où un constat amer pour les concurrents : en 2022, SpaceX a procédé à soixante et un décollages (quasiment tous avec sa fusée *Falcon 9*) et sans aucun crash, contre cinq tirs seulement pour ArianeGroup (dont trois avec l'*Ariane 5*), et huit pour ULA, la coentreprise de Boeing et Lockheed Martin (dont sept avec l'*Atlas 5*). Cette domination du spatial a poussé les autres à se mettre au diapason : après avoir freiné des quatre fers, Ariane a annoncé plancher sur sa propre fusée réutilisable (annoncée pour 2026, mais attendue par les experts pour n'être opérationnelle qu'à partir de 2030).

Reste que les bons résultats de Musk doivent s'expliquer. D'abord par le fait que le principal client de SpaceX n'est autre que… SpaceX. Sur les soixante et un tirs réalisés en 2022, trente-quatre l'ont été pour la division Starlink, ce fournisseur d'accès internet par satellite, qui nécessite douze mille petits émetteurs positionnés en orbite terrestre basse et promet de capter partout dans le monde (comptez tout de même un abonnement à 50 euros par mois, après avoir acquis un équipement à 450 euros). Ainsi, Musk peut aisément se gargariser de « viser jusqu'à cent décollages » de fusées en 2023 – un record –, vu qu'un grand nombre servira à étoffer la couverture Starlink (le déploiement n'est qu'à un quart de son objectif). Autre temporisation des succès de SpaceX : les coûts réduits ne sont pas applicables à tous. En tout cas pas aux agences gouvernementales américaines. En tant que société non cotée en Bourse, SpaceX demeure complètement opaque sur l'état exact de ses finances, mais on sait qu'elle a multiplié les juteux contrats avec des entités étatiques américaines. Un prix fort qui explique le dumping auprès des clients privés internationaux. Au total, SpaceX a touché 3,2 milliards de dollars de la part des États-Unis[21],

21. D'après le décompte suivi, contrat par contrat, par le site officiel USAspending.gov.

en grande majorité de la part de la NASA et de l'armée de l'Air. Exemple : en 2020, l'US Air Force s'est vu facturer 316 millions de dollars le lancement d'un satellite. Autre exemple : dans un rapport de 2017 sur ses dépenses, la NASA évalue le coût moyen d'un lancement avec SpaceX à 140 millions de dollars – tout en soulignant que cela représente une économie quasiment de moitié par rapport à la concurrence. Il n'empêche que ce jeu d'équilibre avec une facturation différenciée entre privé et public a permis d'assurer une assise financière à SpaceX, qui peut faire valoir une certaine solidité et sécurité aux investisseurs, et ainsi lever des fonds sans stress (en octobre 2021, elle a été valorisée à plus de 100 milliards de dollars). Le tout en permettant à Elon Musk de conserver près de la moitié du capital et 80 % des droits de vote. Bonne nouvelle pour lui : il est prévu que le budget de la NASA augmente dans les années à venir, passant de 26 milliards de dollars en 2023 à plus de 28 milliards en 2027.

Voleur d'idées

« Nous avons besoin de plus d'Elon Musk », entonne la députée et ancienne ministre anglaise Jess Phillips[22]. Comme si le patron était devenu l'incarnation de l'innovation et du succès. Il serait un « héros fondateur », cette figure qui accomplit seule des choses plus grandes qu'elle – et, par extension, à qui l'on doit passer ses excentricités, pour le bien de l'humanité. Une mécanique décortiquée

22. Jess Phillips et Charlotte Pickles, *UnHerd*, 2018.

par Anthony Galluzzo, maître de conférences en gestion à l'université de Saint-Étienne, comme le « mythe de l'entrepreneur ». Il explique[23] ainsi que dans la Silicon Valley est répandue l'idée que seuls « ces grands hommes partis de rien seraient capables de sortir l'humanité de sa torpeur et lui permettraient de faire des bonds en avant sur la route du progrès », permettant au passage de « légitimer un ordre politique fondé sur le conservatisme méritocratique ».

Dans le cas de Musk, cela repose sur une tendance à s'approprier les créations d'autres pour s'attribuer tout le crédit d'un éventuel succès. L'histoire de Tesla illustre à merveille cette propension. Parce que, oui, ce n'est pas celui que la presse qualifie de « nouvel Henry Ford » qui est à l'origine du constructeur automobile, mais un entrepreneur, Martin Eberhard, et un ingénieur, Marc Tarpenning. L'étincelle de départ se trouve chez Eberhard, dans le croisement d'une quête entrepreneuriale et de l'achat avorté d'une Porsche. Tout remonte à 2000, année du grand chamboulement, puisqu'il divorce et revend sa société de livres électroniques NuvoMedia pour 187 millions de dollars au groupe Murdoch. « J'ai divorcé et, comme tout Américain ordinaire, j'ai voulu m'offrir une voiture de sport pour me consoler – une Porsche, raconte-t-il au quotidien *Le Temps*[24]. Mais je n'ai pas réussi à me convaincre d'acheter une voiture classique, à cause du réchauffement de la planète, de notre dépendance au pétrole et de la consommation élevée de carburant. J'ai préféré réfléchir davantage à l'automobile. »

---

23. Anthony Galluzzo, *Le Mythe de l'entrepreneur*, La Découverte, 2023.
24. Isabel Steinhoff et Marcel Speiser, *Le Temps*, 2017, *https://www.letemps.ch/economie/cyber/martin-eberhard-tesla-creee-cause-dun-divorce*.

La problématique du réchauffement climatique se fait (déjà) grandissante, la dépendance américaine vis-à-vis du pétrole était sur toutes les lèvres peu avant la guerre en Irak, et la Californie revenait en arrière de son programme « Low-Emission Vehicules » (qui, depuis 1994, exigeait un pourcentage de véhicules sans émission de polluants, imposant aux constructeurs des mises sur le marché de voitures électriques). Avec cette loi californienne, « les constructeurs, s'ils voulaient proposer des voitures à essence en Californie, devaient d'abord en fabriquer des électriques, explique Eberhard au quotidien suisse. Autrement dit, il y avait des voitures électriques de presque toutes les marques. Elles n'étaient pas géniales mais avaient le mérite d'exister. Mais dès que l'obligation est tombée, General Motors a rappelé toutes ses voitures électriques et les a envoyées à la casse ». L'entrepreneur perçoit l'opportunité tant écologique qu'économique. La voiture individuelle est alors responsable de près de 20 % des émissions aux États-Unis. « Biocarburants, pile à hydrogène, batterie électrique... je n'avais pas de religion. Mais je suis arrivé à la conclusion que l'électricité était – de loin – le carburant plus efficace », narre Eberhard à ma collègue Dominique Nora[25]. Le presque quinqua à la barbe grisonnante multiplie les séances café-*brainstorming* avec son ami Marc Tarpenning, son ex-partenaire dans NuvoMedia, sur la possibilité d'embarquer des batteries ion-lithium, celles utilisées dans les téléphones portables et livres électroniques, dans un véhicule. « Pouvait-on

25. L'entretien est retranscrit en longueur dans son livre, *Les pionniers de l'or vert*, Grasset, 2009.

appliquer la technologie ion-lithium – dont l'équilibre de charge est délicat à gérer – à des modules comprenant sept mille cellules, au lieu de trois dans un ordinateur ? » Le défi est lancé. Tesla Motors est formellement créée en 2003. En businessman avisé, Martin Eberhard acte dès le départ que leur voiture sera haut de gamme. D'abord parce qu'une start-up ne pourra jamais battre les constructeurs établis sur les coûts de production, donc autant cibler les acheteurs de luxe qui ne regarderont pas à la dépense. Ensuite parce que la concurrence s'est concentrée sur de petits véhicules peu élégants, lents et peu pratiques. Tesla se concentrera donc sur la performance, avec l'optique d'un bolide de luxe à 120 000 dollars.

Plutôt que de réinventer la roue, Eberhard et Tarpenning se concentrent sur le moteur (fondé sur le système de propulsion électrique de la PME californienne AC Propulsion), la transmission et l'électronique, et décident de confier la carrosserie à un professionnel de l'industrie, le Britannique Lotus. La machine est lancée, elle accouchera du Roadster, qui passe de 0 à 100 km/h en 3,9 secondes, commercialisé à partir de 2008. Mais Eberhard ne sera pas là pour le voir : il s'est fait éjecter de Tesla l'année précédente, par un Musk peu apte à partager la lumière. Retour en arrière. Martin Eberhard et Marc Tarpenning ont rencontré Elon Musk en 2001, lors d'une conférence de la Mars Society. Aussi, quand ils décident de lever des fonds en 2004, ils le font savoir dans la Valley. À cette époque, Musk est en quête d'un nouveau joujou pour son plaisir tout personnel : une voiture de sport à moteur électrique. Il tente bien de convaincre le patron d'AC Propulsion de lui vendre leur prototype « Tzero » ou, *a minima*, d'électrifier sa Porsche 911 Turbo, en vain. Mais ce dernier lui conseille de discuter avec Eberhard. Tesla est alors sur le point de signer un financement avec une société de capital-risque européenne, mais les négociations traînent. Musk rencontre Eberhard, s'avère tout de suite emballé et veut boucler l'affaire au plus vite, avant la naissance de ses jumeaux – il apporte 6,35 millions de dollars sur les 6,5 millions de la levée de fonds. Sur le blog de l'entreprise[26], Musk raconte : « Pour économiser des frais juridiques, nous avons juste copié les statuts constitutifs et les règlements de SpaceX pour Tesla. [...] À l'époque, "Tesla Motors, Inc." n'était qu'une société basique, n'avait ni bureaux ni actifs, et n'avait même pas enregistré de marque à son nom. [...] Je suis devenu président et j'ai fourni des conseils de haut niveau sur la technologie et la conception des produits, mais j'ai laissé la gestion quotidienne de l'entreprise à Eberhard. »

Musk est alors surtout focalisé sur SpaceX et ne se rend au siège de Tesla que pour les conseils d'administration. Il joue surtout les VRP pour la marque. Alors que le bolide n'existe pas encore, il convainc ses amis « *rich and famous* » de passer commande (les patrons d'Oracle Larry Ellison et de Dell Michael Dell, les acteurs George Clooney, Matt Damon et Leonardo DiCaprio, les chanteurs de Red Hot Chili Pepper et Will.i.am, l'agent des stars Ari Emanuel...), voire d'investir dans la société (les fondateurs de Google, Larry Page et Sergey Brin, ou encore Jeff Skoll, l'ex-président d'eBay). Tout bascule en 2006. Le Roadster est

26. L'article, intitulé « In the beginning » et publié en 2009, a été supprimé depuis.

dévoilé au Salon de l'auto de Detroit, avant de faire l'objet d'une grande soirée à l'aéroport de Santa Monica, à Los Angeles, où un parterre de VIP (notamment le gouverneur de Californie de l'époque, Arnold Schwarzenegger) peut tester le coupé. « On a eu énormément de retombées dans la presse, raconte Eberhard[27]. Le problème, c'est que les papiers parlaient de moi ou de Marc, mais jamais d'Elon. Ça l'a mis dans une colère noire ! » Blessé dans son *ego*, Musk vire le fondateur, arguant de dérives dans les coûts de fabrication, et réclame le siège de P.-D.G. Au fil des différentes levées de fonds, le capital d'Eberhard s'était étiolé à moins d'1 % de l'entreprise. Il tente bien d'attaquer en justice, accusant Musk de « réécrire l'histoire en prétendant à tort qu'il est le créateur de Tesla », mais l'ensemble se termine sur un accord financier et le droit pour tous les deux d'être désignés comme « cofondateurs ». « Tout ce que je peux dire, c'est que je ne suis pas devenu milliardaire ! » lâche l'éjecté, amer de ne pas avoir plus interrogé le passé (et le caractère) de son financeur.

Mensonges

Il ne faut toutefois pas réduire Musk à un rôle de récupérateur de (bonnes) idées. Sous la seule direction d'Eberhard, Tesla n'aurait peut-être pas connu une telle ascension. Le constructeur est devenu ce qu'il est aussi grâce à certains paris de Musk. En particulier tout ce qui

27. Emmanuel Botta et Béatrice Mathieu, *L'Express*, 2022, *https://www.lexpress.fr/economie/tesla-les-derniers-secrets-duZ-vrai-createur-martin-eberhard_2176426.html.*

concerne le développement du modèle de production industriel. Le consultant Michaël Valentin, auteur du *Modèle Tesla*[28], m'explique : « Avant, quand un constructeur imaginait une voiture, il prenait un modèle et lui ajoutait de nouvelles options. Ça a changé avec Tesla. La voiture est connectée et s'adapte au client : s'il va à la campagne, elle augmente ses suspensions par exemple. La marque, plutôt qu'une révision annuelle, est en contact permanent avec son client. La voiture n'est plus un produit, mais un service, et ça impacte toute la production. À l'usine, dès que les données font remonter un problème, tout est mis à jour directement sur la chaîne. » Une stratégie directement inspirée de l'agilité des acteurs du numérique, qui testent sans cesse des modifications de leurs produits, selon la méthode de l'« AB Testing », pour ne conserver que les recettes qui fonctionnent. Une méthode que Musk a expérimentée chez PayPal. D'où son obsession de faire des Tesla hyperconnectées : tous les véhicules sont dotés d'une connexion internet sans fil pour télécharger des mises à jour logicielles, de verrous Bluetooth et d'un large écran tactile central ringardisant les interfaces à boutons et molettes des BMW et autres Mercedes-Benz. En somme, il a ancré la conception au cœur des technologies si communes dans la Silicon Valley, pour mieux se distinguer des productions lourdingues de Detroit. Malin, puisque dans la bataille de communication, Tesla s'est imposé comme l'acteur qui allait « révolutionner » l'industrie automobile. Et surtout, dans la perception des investisseurs, ce n'est

28. Michaël Valentin, *Le Modèle Tesla*, Dunod, 2020.

pas un industriel de la voiture mais bien une entreprise de technologies, dont la cote boursière ne demandait qu'à décoller.

Mais la Silicon Valley n'est pas connue que pour ses innovations : c'est aussi la capitale de l'orgueil commercial. Chez Tesla, cela s'est traduit par des productions dont la qualité n'était pas vraiment à la hauteur du prix déboursé. D'où les critiques acerbes des premiers modèles dans la presse, voire l'incontournable (et puissante) association de consommateurs Consumer Reports[29] qui a – un temps – vivement déconseillé la Model 3 pour des « problèmes de fiabilité » concernant la suspension, le système électrique, l'ajustement, la carrosserie, la peinture. Dans un livre sur le constructeur[30], le journaliste automobile américain Edward Niedermeyer pointe « des contrôles minimaux et un calendrier en constante évolution », tandis que le constructeur tentait d'atténuer la colère des acheteurs en leur proposant des réparations gratuites de défauts en échange de la signature de ces accords dits « de non-divulgation » dont les Américains ont le secret. Chez Tesla, tout est bon pour cacher la poussière sous le tapis. Pareil pour les difficultés financières. Créer une voiture 100 % électrique se révèle être un gouffre financier. La firme a dû attendre 2020, et le lancement de cinq modèles différents, pour voir ses résultats passer enfin dans le vert et son cours de Bourse s'envoler. La période la plus tumultueuse

---

29. Patrick Olsen, Consumer Reports, 2019, *https://www.consumerreports.org/car-reliability-owner-satisfaction/tesla-model-3-loses-cr-recommendation-over-reliability-issues-a2332354847*.
30. Edward Niedermeyer, *Ludicrous : The Unvarnished Story of Tesla Motors*, BenBella Books, 2019, non traduit.

remonte à 2008, alors que Tesla fait face à un manque criant de liquidités, en pleine production du Roadster, et alors que la société planche sur sa future berline Model S., Niedermeyer raconte combien Elon Musk a alors basculé dans la manipulation pour donner un peu de souffle financier à l'entreprise. Exemple fin 2008 : dans un e-mail, le patron rassure les nombreuses célébrités, qui ont laissé un généreux dépôt de garantie, que la production est en phase terminale et que la société ne fera pas faillite, grâce à « un prêt de 350 millions de dollars [que] prévoit de nous fournir le ministère de l'Énergie ». Sauf que ce prêt n'avait alors jamais été approuvé. Pis, le ministère venait de rejeter cette demande de financement « en raison de données insuffisantes pour vérifier les allégations d'efficacité et la conformité aux réglementations environnementales ». Si Tesla bénéficiera bien d'un prêt, assurant sa survie, celui-ci n'interviendra pas avant la mi-2009. Entre-temps, Musk a multiplié les circonvolutions pour tenter de maintenir à flot Tesla et son montage façon pyramide de Ponzi. Quitte à mentir, délibérément.

Difficile de savoir à quand remonte cette tendance à la mythomanie, bien souvent dans le but de servir son narratif. Par exemple, pour mieux se conformer aux standards de l'entrepreneur californien qui a préféré abandonner l'école pour mieux « révolutionner » le monde (chemin emprunté par Steve Jobs, Bill Gates, Mark Zuckerberg, Michael Dell, Larry Ellison...), Elon Musk aime à raconter qu'il a quitté la prestigieuse université de Stanford après seulement deux jours de cours, pour monter sa start-up Zip2. En réalité, s'il avait bien été admis, il n'a jamais finalisé son inscription. On le concède : ce n'est pas un drame de vouloir faire briller son CV. Mais Musk est devenu un expert des bobards, pour son plus grand intérêt, et parfois au détriment des autres. Son pipeau le plus emblématique date d'août 2018. Ce matin-là, alors que les marchés sont ouverts, Elon Musk clame sur Twitter[31] : « J'envisage de retirer Tesla de la Bourse, à hauteur de 420 dollars l'action. J'ai assuré le financement. Les actionnaires pourront soit revendre à 420 dollars, soit conserver leurs actions de l'entreprise non cotée. » En quelques heures, le titre Tesla – alors à 367 dollars – bondit de 11 % ! À 420 dollars, la capitalisation boursière de la firme aurait été de 71 milliards de dollars, soit 10 milliards de plus qu'avant le tweet, c'est-à-dire qu'un pactole pouvait être réalisé à court terme. Sauf que… c'était un mensonge. Si l'idée avait été évoquée en conseil d'administration, le financement privé de Tesla n'a jamais été assuré. Et l'opération apparaît comme un coup de poker pour doper son cours en Bourse. Pas du goût de la Securities and Exchange Commission (SEC), le gendarme des marchés américains, qui a poursuivi l'affabulateur pour fraude. Un accord est trouvé quelques mois plus tard : une amende de 40 millions de dollars (moitié pour Tesla, moitié pour le patron), l'obligation de quitter la présidence du constructeur automobile et la désormais nécessaire validation de ses tweets concernant l'entreprise – devoir non respecté par la suite.

On peut aussi sourire devant tous les investisseurs qui croient encore ses boniments lorsqu'il multiplie les déclarations tonitruantes sur des délais de production et des ventes de Tesla, jamais respectés. Pêle-mêle : mi-2016,

31. Elon Musk, message sur Twitter/X.com, 7 août 2018, *https://twitter.com/elonmusk/status/1026872652290379776*.

Musk affirme que le constructeur prévoit de produire 500 000 exemplaires de sa nouvelle Model 3 en 2018 – seuls 152 977 sortiront d'usine; au premier trimestre 2018, il clame avoir reçu « 450 000 réservations fermes » pour la Model 3 – qui, fin septembre 2019, n'a été vendue qu'à 356 084 unités; ou encore, lors des résultats financiers du quatrième semestre 2018, Musk déclare être « optimiste sur le fait d'être profitable toute l'année prochaine » – trois mois plus tard, Tesla annonce une perte de 702 millions de dollars. En revanche, bien plus graves sont les contre-vérités à propos de l'« *autopilot* » de Tesla. En 2013, Elon Musk présente le futur système Autopilot, notant que « le pilotage automatique est une bonne chose à avoir dans les avions, et nous devrions l'avoir dans les voitures ». Sauf qu'il n'a jamais été question d'un « pilote automatique » à proprement parler. L'année suivante, lorsque l'option est introduite, il s'agit surtout d'une aide au stationnement automatique. En 2016, le dispositif ne sert qu'à réaliser des freinages d'urgence, réguler la vitesse de façon adaptative et à aider au maintien sur route – options disponibles chez la concurrence.

Comble de la supercherie : la même année, Tesla diffuse une séquence vidéo[32] où une de leurs voitures « se conduit toute seule [...] la personne sur le siège conducteur n'est là que pour des raisons légales, il ne fait rien ». Et Musk d'appuyer sur Twitter[33] : « Tesla se déplace (sans aucune intervention humaine) à travers les rues urbaines jusqu'à l'autoroute puis trouve une place de stationnement. »

---

32. Disponible sur la chaîne Vimeo de Tesla, *https://vimeo.com/188105076*.
33. Elon Musk, message sur Twitter/X.com, 20 octobre 2016, *https://twitter.com/elonmusk/status/789019145853513729*.

Pourtant, lors d'un procès ultérieur, le directeur du logiciel Autopilot chez Tesla, Ashok Elluswamy, a reconnu que la conduite n'était pas du tout autonome, mais reposait « sur un itinéraire prédéterminé », cartographié précisément à l'avance. Pis, le véhicule ne savait alors pas détecter les feux de circulation (alors que la séquence le montre), et le directeur demeure évasif sur le fait que le conducteur contrôlait l'accélération et le freinage. Une entourloupe ficelée par Musk en personne, qui a lui-même[34] réclamé un itinéraire préparé très à l'avance et d'insister sur cette terminologie d'une « Tesla qui se conduit toute seule ». Plus largement, Musk utilise régulièrement et délibérément ce terme de « pilotage automatique » comme une référence à la promesse d'une conduite autonome, évoquée depuis longtemps dans la presse dans le sillage du projet de Google Car. Et aime se jouer de la confusion. Autre exemple : en 2018, pendant une interview à l'émission *60 Minutes*[35], il lâche le volant sur l'autoroute et assure « ne rien faire », peu importe que la loi ne le permette pas, qu'il n'ait pas encore les autorisations et que le véhicule soit à ce moment-là incapable de se conduire de manière autonome. Ce n'est qu'à partir de 2020 que Tesla propose une option, en bêta, c'est-à-dire non finalisée, de sa « conduite entièrement autonome ». Problème : les consommateurs pensent la technologie bien plus avancée qu'elle ne l'est. Résultat : les accidents se multiplient. Le site anonyme TeslaDeaths.com,

34. Dana Hull et Sean O'Kane, Bloomberg, 2023, *https://www.bloomberg.com/news/articles/2023-01-19/elon-musk-directed-tesla-autopilot-video-saying-car-drove-itself-tsla.*

35. Lesley Stahl, CBSNews, 2018, *https://www.cbsnews.com/news/tesla-ceo-elon-musk-the-2018-60-minutes-interview.*

qui traque tous les incidents impliquant des Tesla dans le monde, recense en février 2024 quarante-deux accidents impliquant l'« *autopilot* », aussi bien des sorties de route qui finissent dans un mur que d'importantes collisions sur l'autoroute ou le fauchage de piétons.

Au total, 19 personnes ont été tuées dans des accidents qui impliqueraient l'option. À l'image de Wei Lun Huang, un ingénieur d'Apple de 38 ans, tué en mars 2018[36] dans un crash à Mountain View, en Californie, lorsque sa Model X en mode « *autopilot* » a foncé à toute vitesse dans une barrière de sécurité en béton de l'autoroute. Sauf que, peu avant son décès, Huang a signalé plusieurs problèmes de sécurité de la fonction, en particulier lors de l'insertion sur autoroute, pointe l'autorité National Transportation Safety Board (NTSB). Un procès est en cours entre sa famille et Tesla, le constructeur répliquant que le conducteur n'avait pas les mains sur le volant les six secondes avant l'accident, ni essayé de freiner – vraisemblablement, il utilisait son téléphone. Fin 2018, l'Union européenne a contraint Tesla à désactiver la plupart des fonctions de l'« *autopilot* », réduisant l'option au seul maintien de cap et au changement automatique de voies (après validation du conducteur) – cette dernière pourrait[37] aussi être remise en cause. Ce qui n'empêche pas le constructeur de vanter auprès des acheteurs français sa « capacité de conduite

36. David Shepardson, Reuters, 2020, *https://www.reuters.com/article/us-tesla-crash/tesla-driver-in-fatal-crash-had-reported-problems-before-with-autopilot-feature-idUSKBN20522C.*

37. Deutsche Presse-Agentur, Stern, 2022, *https://www.stern.de/auto/e-mobilitaet/tesla--kraftfahrt-bundesamt-leitet-pruefverfahren-wegen-autopiloten-ein-31644104.html.*

entièrement autonome », avec la promesse de, « à venir, une conduite automatisée en ville ». En petits caractères est toutefois précisé : « L'autonomie totale dépendra d'une fiabilité prouvée par des milliards de kilomètres de test [...] ainsi que d'homologations réglementaires. »

Fin 2023, le constructeur a toutefois été rappelé à l'ordre par l'agence américaine de la sécurité routière, qui juge dans un rapport que la conception d'Autopilot est susceptible de provoquer « un engagement du conducteur et des contrôles d'utilisation inadéquats [...] ce qui peut mener à une mauvaise utilisation du système ». En d'autres termes : avec Autopilot, le risque d'accident est plus élevé. De quoi contraindre Tesla à rappeler plus de deux millions de véhicules aux États-Unis pour corriger sa copie, et installer de nouveaux dispositifs pour s'assurer de la bonne utilisation du système. Pis, en Chine, le fabricant a dû dans la foulée mettre à jour l'intégralité du 1,6 million de véhicules vendus pour les mêmes raisons de sécurité. Mais cela n'a pas pour effet de calmer les ardeurs d'Elon Musk, lui qui aime fanfaronner[38] : « Une Tesla avec Autopilot a dix fois moins de chance d'avoir un accident qu'une voiture normale. » Chiffre évidemment contestable. Le site norvégien spécialisé dans l'automobile Bilbransje24[39] a par exemple mis en évidence que sur l'ensemble des sinistres en 2018, les voitures électriques sont plus impliquées dans des accidents que les voitures thermiques, et que Tesla caracole en tête des accidents. Ainsi, sur toutes les Tesla circulant en

---

38. Elon MUSK, message sur Twitter/X.com, 18 avril 2021, *https://twitter.com/elonmusk/status/1383548841438236674*.
39. Trygve LARSEN, Per MORTEN MERG et Odd Erik SKAVOLD LYSTAD, Bilbransje24, *https://bilbransje24.no/nyheter/506356*.

Norvège, une sur cinq a été impliquée dans un accident. On ne saurait que conseiller à l'impatient Musk de lire le poète roumain Alexandru Vlahuță, qui disait : « La vérité attend seule, le mensonge est pressé. » Reste que cette philosophie du « mytho » se retrouve jusque dans les pratiques commerciales de son entreprise. Par exemple, Tesla n'hésite pas à promouvoir sa Model 3, vendue à partir de 39 990 euros, comme moins chère puisqu'elle permettra l'économie de 3 600 euros de carburant sur quatre ans. Sauf que cette promesse d'économies futures tient peu compte de l'inflation des prix de l'énergie ni du coût d'installation d'un chargeur à domicile (facturé en option 500 euros, plus 1 400 euros l'installation). Sans compter non plus les coûts d'assurance exorbitants pour les propriétaires de Tesla (l'assurance tous risques d'une Model 3 s'élève en moyenne à 1 118,32 euros[40], contre 477,80 euros pour une Nissan Leaf).

Mytho

Peter Thiel désigna un jour[41] Elon Musk comme « l'homme qui ne sait rien du risque ». Son ambition immense, mêlée d'un orgueil renforcé par les milliards de la bulle internet, a toujours guidé Musk, peu importent les risques, surtout pour les autres. Pour lui, tout est question d'image, de narratif, seule clef de voûte qui tient

40. Données du comparateur d'assurance LesFurets.com, 2023, *https://www.lesfurets.com/assurance-auto/types-vehicules/voiture-propre/electrique*.
41. Peter Thiel, lors d'une conférence au Center on Capitalism and Society, 2015, *https://qz.com/1463422/elon-musk-gave-a-credit-card-to-anyone-who-wanted-one*.

tout son empire. Parce que, oui, c'est un petit empire que s'est constitué Musk, une sorte de pyramide financière où le magnat trône au sommet. Et, de la trentaine de sociétés qu'il possède, il s'est imposé comme leur meilleur atout, mais aussi leur point faible. On a ainsi vu cet empire vaciller début 2024, après les révélations du *Wall Street Journal*[42] sur son usage récurrent de drogues illégales. Si les rumeurs allaient bon train depuis plusieurs années, le quotidien économique l'assure : le multimilliardaire consomme fréquemment du LSD, de la cocaïne, de l'ecstasy et des champignons hallucinogènes (en plus de s'être illustré fumant du cannabis ou admettant faire un usage thérapeutique de kétamine). L'enjeu ? « Tous ses proches sont préoccupés pour sa santé, mais aussi parce que cela peut endommager ses entreprises », pointe le journal. Avant de multiplier les récits de comportements erratiques, vraisemblablement dus à sa consommation[43]. Sans compter que SpaceX a multiplié les accords avec le gouvernement américain, qui ne voit pas d'un bon œil cette violation de la loi. Et, au-delà d'une certaine moralité, le *Wall Street Journal* rapporte que certains proches, travaillant pour Musk, se sont sentis « obligés » de le suivre dans sa consommation, par crainte de sa colère. Si l'intéressé dément, l'action de Tesla a dévissé après ces révélations – le cours a perdu un quart de sa valeur en deux mois, début 2024. Encore plus quand le quotidien

42. Emily Glazer et Kristen Grind, *Wall Street Journal*, 2024, *https://www.wsj.com/business/elon-musk-illegal-drugs-e826a9e1*.
43. Son avocat, Alex Spiro, assure au *Wall Street Journal* qu'Elon Musk est « régulièrement et aléatoirement soumis à des tests de dépistage de drogues chez SpaceX et qu'il n'a jamais échoué à un test ».

rapporte[44] que plusieurs membres du conseil d'administration de Tesla ont consommé des drogues avec lui, interrogeant sur l'indépendance des administrateurs. Un volet où le patron ne cache pas son idéal autoritaire : « Je suis mal à l'aise à l'idée de faire de Tesla un leader dans l'IA et la robotique sans contrôler environ 25 % des droits de vote, lâche-t-il en janvier 2024, alors qu'il ne possède que 13 % des actions. Si ce n'est pas le cas, je préférerais concevoir ces produits en dehors de Tesla… » Le magnat est alors surtout vexé comme un pou qu'une juge de l'État du Delaware, le paradis fiscal américain où est immatriculé Tesla, ait décidé d'annuler son vaste plan de rémunération, qui devait lui permettre de toucher 56 milliards de dollars en actions – un record représentant 250 fois le salaire moyen des pairs de Musk. En cause : les informations « erronées » et « trompeuses » fournies aux actionnaires concernant la rémunération du patron.

Cette tromperie est loin d'être isolée. Et un autre exemple est encore plus frappant : l'acquisition de SolarCity par Tesla en 2016. SolarCity Corporation est une société de panneaux photovoltaïques, créée en 2006 par Peter et Lyndon Rive, deux frères sud-africains, cousins d'Elon Musk. L'idée originale était, à l'inverse des concurrents, de ne pas fabriquer eux-mêmes leurs panneaux solaires, mais de se proposer en intermédiaire pour faciliter l'achat auprès des constructeurs spécialisés, et ensuite de les installer. Les Rive ont aussi bricolé un logiciel capable d'analyser les factures d'électricité et de croiser cela avec

44. Kirsten Grind, Emily Glazer, Rebecca Elliott et Coulter Jones, *Wall Street Journal*, 2024, *https://www.wsj.com/tech/elon-musk-tesla-money-drugs-board-61af9ac4*.

des informations sur l'ensoleillement d'une maison afin de déterminer l'intérêt – ou non – de passer à l'énergie solaire. Clou du concept : le client n'avait pas de grosse somme à verser initialement, mais s'engageait à louer l'installation pour un certain nombre d'années à un tarif fixe – SolarCity concurrençant au passage les fournisseurs d'électricité. En six ans, l'entreprise s'est imposée comme le plus important installateur de solaire aux États-Unis, dopée par l'effondrement des prix des panneaux d'origine chinoise.

Sauf que la success-story a un boulet : Elon Musk. Le milliardaire a tenu à épauler ses cousins, investissant dès l'origine 10 millions de dollars et s'imposant comme le principal actionnaire (il détenait environ un tiers des parts). Au passage, il s'est arrogé le siège de président de SolarCity. Ensuite, son « aide » a consisté à jouer du favoritisme avec ses autres entreprises. Ainsi, SpaceX et Tesla ont acquis de nombreux panneaux solaires à SolarCity, sans forcément que cela ait ni du sens, ni un avantage pécuniaire. « Nous avons bien dû acheter ces panneaux solaires pour quelque chose… […] Et je crois qu'eux nous ont acheté quelques voitures », a admis en bredouillant Brad Buss, ancien directeur financier de Tesla, lors d'un procès entre la société et un groupe de petits actionnaires. Parce que Musk n'a pas seulement facilité les transactions entre ses sociétés, il a aussi lié leurs destins. La mécanique est financière au possible : lorsque l'une ou l'autre des entreprises avait besoin de capital, Musk lui rachetait des actions, pas en cash, mais avec des crédits garantis par ses actions dans d'autres sociétés. Par exemple, début 2016, il a souscrit pour 475 millions de dollars de prêt afin d'acquérir des actions SolarCity, le tout garanti par ses 2,51 milliards de dollars en titres Tesla. La technique est maligne, puisqu'elle permet de ne pas débourser grand-chose, mais elle s'avère très risquée : si une des entreprises chute, alors cela pourrait imposer le remboursement du prêt, donc tirer vers le bas l'autre société. D'où une certaine fébrilité sur les marchés, au printemps 2016, lorsque le *Wall Street Journal* rapporte comment « Elon Musk soutient son empire avec des mouvements financiers inhabituels [...] même si cela se révèle risqué[45] ».

Et Musk n'a pas pu empêcher la chute de SolarCity. En mai 2016, les frères Rive le préviennent d'importantes difficultés financières et du besoin de revendre la société. Pas facile devant de tels conflits d'intérêts et des résultats médiocres. De plus, une faillite de SolarCity aurait eu des conséquences en chaîne sur Tesla et SpaceX (le fabricant de fusées détient alors trois quarts des actions), risquant d'entacher la réputation de Musk, et *in fine* de le ruiner. D'où la décision que Tesla acquière SolarCity pour 2,6 milliards de dollars, peu importe que cela n'ait pas de sens, ni financier, ni stratégique, pour le constructeur automobile. D'autant que personne d'autre ne se proposait pour racheter l'installateur de panneaux solaires et qu'il fallait très vite répondre à un besoin de 200 millions de dollars. En interne, tout le monde est contre. Aussi bien chez Tesla que chez SpaceX, les conseils d'administration refusent d'acquérir cette société très endettée, craignant des risques financiers futurs. Elon Musk met alors à profit son talent de bonimenteur. En octobre 2016, il met au

45. Susan Pulliam, Mike Ramsey et Brody Mullins, *Wall Street Journal*, 2016, *https://www.wsj.com/articles/elon-musk-supports-his-business-empire-with-unusual-financial-moves-1461781962.*

point la fausse présentation d'un nouveau produit, dévoilé quinze jours avant le vote des actionnaires sur le rachat : un panneau solaire intégré dans une tuile de toit. Le tout présenté en grande pompe sur le plateau de tournage de la série *Desperate Housewives*, pour suggérer que les maisons de la série en sont équipées. Pourtant, le produit n'a jamais été développé et rien de ce qu'il montre ne fonctionne. « Il a enchaîné connerie sur connerie. J'ai été bluffé. Pourtant, sur le moment, ça se voyait que les tuiles étaient fausses[46] », commente un dirigeant à *Vanity Fair*. Pas grave. Dans la foulée, les actionnaires de Tesla approuvent l'acquisition de SolarCity, et tant pis si Tesla voit sa dette doubler. « Merci d'y avoir cru[47] », a tweeté à leur attention le P.-D.G. Les tuiles solaires mettront trois ans à voir le jour et leurs ventes n'ont jamais décollé. Pis, trois ans après l'acquisition de SolarCity, la vente des panneaux solaires s'est effondrée de 85 %.

Hypercopieur

Pas de quoi ébranler Elon Musk, qui joue sur tous les tableaux. Tout n'est que business. Qu'importent les mensonges tant qu'il assure son empire. Qu'importent les pertes chez les uns ou chez les autres tant qu'il demeure au sommet de son monde. Qu'importe enfin qu'il ne broie la vie de certains utopistes pour ses seules marottes personnelles. En ce sens, un exemple est frappant, et il repose à

46. Bethany McLean, *Vanity Fair*, 2019, *https://www.vanityfair.com/news/2019/08/how-elon-musk-gambled-tesla-to-save-solarcity*.
47. Elon Musk, message sur Twitter/X.com, 17 novembre 2016, *https://twitter.com/elonmusk/status/799369292294725632*.

nouveau sur l'appropriation: Hyperloop. En août 2013, Musk surprend en présentant un projet de train subsonique envoyé à grande vitesse dans un tube, promettant une liaison entre Los Angeles et San Francisco en seulement 30 minutes. L'ensemble fonctionne à l'énergie solaire pour atteindre une vitesse de 1 300 kilomètres par heure. « Ça paraît raisonnable pour des trajets comme Los Angeles – San Francisco, New York – Washington ou New York – Boston, dit Musk à l'époque. Au-delà, le coût du tube commencerait à devenir prohibitif, et puis on ne va pas installer des tubes dans tous les sens, on ne veut pas habiter Tube-Land. » S'il en revendique la paternité, ce projet est pourtant celui d'un autre. Celui de Daryl Oster, un ingénieur mécanique américain de 61 ans, originaire du Colorado, passionné autant par la science-fiction que par le transport. C'est en découvrant qu'un physicien, Robert Goddard, a posé les bases pour créer une fusée à propulsion liquide inspirée de Jules Verne qu'il a voulu à son tour mettre les mains dans le moteur de ce train propulsé dans un tube sans air. À partir du milieu des années 1980, Daryl Oster multiplie les brevets pour son futur engin et, en 1999, fonde sa start-up ET3 (pour Evacuated Tube Transport Technologies) afin de passer à l'industrialisation. Associé à un ingénieur des transports chinois, ET3 a commencé ses tests à l'échelle en Chine, puis en Corée du Sud durant les années 2000.

Fier de ses avancées, Daryl Oster entend propulser plus loin sa jeune société et son concept. En quête de fonds en 2012, il frappe naïvement à la porte d'Elon Musk, celui dont la presse loue ses réussites avec SpaceX et Tesla. Le créatif à l'impressionnante moustache guidon et au long bouc rencontre le millionnaire en avril 2013. « Nous étions six d'ET3 à rencontrer Elon Musk au siège de SpaceX, me raconte Daryl Oster. Durant toute la présentation, il était très agité, criant, tapant des mains sur la table, sautant sur ses pieds… Il semblait emballé. Il nous a dit qu'il n'investirait pas immédiatement, mais que si nous trouvions un autre investisseur, alors il se joindrait à nous. » L'équipe d'ET3 sort ravie de l'entretien, frimant sur les réseaux sociaux avec des photos du moment. Quelques mois plus tard, ça a été la douche froide quand est présenté le projet Hyperloop, similaire en de nombreux points. « Jamais il ne nous a parlé de cet Hyperloop, déplore Daryl Oster. Il nous a simplement dit qu'il envisageait de construire des avions de ligne électriques pour les voyages longs ne pouvant être réalisés en voiture. Je crois que Musk a intentionnellement pensé Hyperloop comme une tentative pour se protéger du potentiel succès d'ET3, qui aurait pu menacer son business de voitures (il a voulu ses engins Hyperloop capables de transporter des Tesla). »

Musk a surtout coupé l'herbe sous le pied de la start-up, qui n'a, depuis, pas vraiment décollé. « C'est pour industrialiser leur concept que les dirigeants d'ET3 ont rencontré Musk en 2013. Six mois plus tard, ça a été la déconvenue totale, me confie Sébastien Gendron, cofondateur de TransPod, une start-up canadienne travaillant sur une technologie similaire, qui a rencontré Musk. C'est agaçant de voir combien il s'approprie les idées qui ne sont pas les siennes sans aucun état d'âme, et qu'il n'a pas de problème à écraser les autres. En revanche, il faut lui reconnaître le fait d'avoir impulsé la dynamique sur le sujet. » En effet, si ET3 est tombé dans l'oubli, le concept Hyperloop a suscité un incroyable engouement partout dans le monde. Permettant à de nombreuses entreprises de s'engouffrer sur ce nouveau secteur des transports, à l'image de l'Américain Hyperloop One, dans lequel a investi la SNCF, ou Transpod, qui a levé des fonds et a enregistré plusieurs succès dans le développement d'un système de trains en lévitation dans un tube grâce à des champs électromagnétiques. « En interne, on dit que Musk est notre directeur marketing : dès qu'il parle d'Hyperloop, c'est bon pour nous, même si *in fine* nous serons concurrents », s'amuse Sébastien Gendron. Transpod a étudié plusieurs projets de lignes au Canada (Toronto – Montréal, Toronto – Windsor et Toronto – Waterloo…), mais a aussi pour projet de construire une ligne d'essai à Droux, en Haute-Vienne, pour un coût de 20 millions d'euros.

Si le projet de Droux a pris un important retard – Sébastien Gendron disait qu'il allait rembourser les aides publiques perçues (536 000 euros touchés sur 2 millions d'euros prévus) pour « avoir la paix » –, il faut aussi évoquer le fiasco de Toulouse. En 2013, dans le sillage de la présentation d'Elon Musk, s'est constituée la start-up américaine Hyperloop TT (pour « Transportation Technologies ») sur la base de fonds collectés auprès d'internautes. L'objectif était clair : concrétiser le rêve du milliardaire entre Los Angeles et San Francisco. Attirant talents et dollars, la société a aussi nourri ses ambitions de créer d'autres Hyperloop en Slovaquie, en Inde et… en France. En 2017, la société annonce avoir signé avec la métropole de Toulouse pour son siège européen, mais aussi l'installation de son centre de recherche et développement, une « Hyperloop Academy », pour faire le lien avec les universités et les laboratoires de recherche, un incubateur de start-up « Hyperloop Lap » et même un centre de démonstration, mettant en scène ses exploits grâce à une première piste d'essai d'un kilomètre où seraient envoyés les prototypes. Un joli coup de pub pour Toulouse, qui a proposé à Hyperloop TT de s'établir dans l'ancienne base aérienne de Francazal, qui s'étend sur 55 hectares, pour un loyer modéré de 70 000 euros annuels – contre la promesse d'une cinquantaine de créations d'emplois. Sauf que, quatre ans plus tard, rien. Si un impressionnant tube de 320 mètres de long et 4 mètres de diamètre a été déployé dès 2018, rien d'autre n'a réellement avancé. Sur place, personne ne semble savoir ce que fait l'équipe de moins de dix personnes. « C'est tombé aux oubliettes cette affaire, se désole Albert Sanchez, maire de Cugnaux, commune où est installé le centre d'essai. Le tuyau est toujours sur le site, mais il n'y a plus personne d'Hyperloop dans toutes les réunions qu'on organise[48]. » Fin 2021, la métropole de Toulouse a résilié le bail d'Hyperloop TT. Les Américains laissent une ardoise : « L'entreprise devait prendre en charge les coûts de dépollution du site et rénover les bâtiments, finalement, c'est la métropole qui s'en est chargée pour un coût de 5,5 millions d'euros[49] », rapporte un élu. Il faut ajouter à la facture une aide pour la construction du tube de 89 000 euros de la part de la Région Occitanie, et

---

48 Guillaume Laurens, *ActuToulouse*, 2022, *https://actu.fr/occitanie/cugnaux_31157/pres-de-toulouse-on-considere-qu-hyperloop-n-est-deja-plus-la-le-maire-se-lache-sur-un-loupe-industriel_56270995.html.*

49. Louis Perrin, France 3, 2023, *https://france3-regions.francetvinfo.fr/occitanie/haute-garonne/toulouse/hyperloop-la-fin-de-l-entourloupe-le-train-sub-sonique-developpe-a-toulouse-ne-sortira-jamais-des-hangars-2802743.html.*

le manque à gagner dû au loyer préférentiel. De tous les projets annoncés par Hyperloop TT, aucun ne s'est à ce jour concrétisé (elle n'a par exemple jamais construit la ligne prévue à Abu Dhabi pour l'Expo universelle de 2020).

Pis, la viabilité de tous les concepts d'Hyperloop est mise en doute. À la fois pour des questions d'intérêt réel – le voyage à haute vitesse dans le noir d'un tube à basse pression serait particulièrement éprouvant pour le corps humain –, et de coûts – si les estimations varient[50] entre 40 et 100 millions de dollars le kilomètre en fonction des routes, il faudrait en moyenne tabler sur une facture 50 % plus chère que pour une voie ferrée classique. Tout ça pour « seulement » quatre mille huit cents passagers par heure, contre douze mille pour le TGV. Sans oublier les questions de sécurité, de régulation, d'environnement… Le plus amusé par cette gabegie est certainement Elon Musk lui-même. À Ashlee Vance, l'intéressé le reconnaît : il n'a jamais eu l'intention de construire Hyperloop. Son objectif était avant tout politique, en suscitant un énième buzz autour de son annonce afin de tordre le bras aux autorités californiennes qui souhaitent construire une ligne de train électrique à grande vitesse entre Los Angeles et San Francisco. D'ailleurs, le milliardaire a sciemment manipulé sa présentation : il a promis un coût de 6 milliards de dollars pour la ligne Los Angeles – San Francisco, mais des documents internes[51] ont révélé que l'estimation

50. Smriti Premsagar et Jeffrey Kenworthy, « *A Critical Review of Hyperloop (Ultra-High Speed Rail) Technology* », 2022, *https://www.frontiersin.org/articles/10.3389/frsc.2022.842245/full*.

51. Alex Konrad, *Forbes*, 2016, *https://www.forbes.com/sites/alexkonrad/2016/10/25/hyperloop-one-seeks-new-cash-amid-high-costs/#3430ac827854*.

d'entrée se situait plutôt entre 9 et 13 milliards. Parce que l'objectif n'était pas une réalisation, mais bien de contrecarrer le projet de train californien. Ce TGV, le premier aux États-Unis, s'est transformé en catastrophe industrielle au fil des ans : voté en 2008 pour 9 milliards de dollars, le tracé de 1 100 kilomètres devait à l'origine aboutir en 2020 à une liaison entre les deux villes, réalisée en 2 h 40, contre 6 heures en voiture et 1 h 30 en avion. Sauf que les coûts se sont envolés – les dernières estimations tablent sur une facture entre 88 et 128 milliards de dollars – et que la construction n'a pas prévu de s'achever avant au mieux 2030. Un temps en lice pour le projet, la SNCF s'est retirée de l'affaire en 2011, jugeant l'ensemble « politiquement dysfonctionnel[52] ». Le très libéral administré de Californie qu'était alors Elon Musk n'a pas supporté d'observer la déconvenue du projet. « Ce sera le TGV le plus lent du monde pour le coût au kilomètre le plus élevé », critique-t-il à son biographe. Qui explicite sa pensée : « Il cherchait à montrer que les problèmes pouvaient être résolus par des idées plus créatives, génératrices de progrès. Avec un peu de chance, on renoncerait au TGV. »

Hyperloop n'aurait-il été qu'un coup marketing à visée politique ? C'est omettre le fonds de commerce de Musk, à savoir la vente de voitures. En particulier en Californie. L'entreprise, créée à l'origine dans le Golden State, compte parmi ses voisins ses plus fidèles consommateurs. En 2022, la Model 3 s'est imposée comme la voiture la plus vendue de Californie devant la Toyota Camry (qui

52. Ralph Vartabedian, *New York Times*, 2022, *https://www.nytimes.com/2022/10/09/us/california-high-speed-rail-politics.html.*

dominait les ventes depuis vingt-huit ans). Pis, Tesla représente désormais 16 % de toutes les ventes d'autos dans cet État de la côte Ouest – et près de 60 % des véhicules électriques[53]. Aussi, si l'avion demeurera toujours plus rapide pour relier Los Angeles et San Francisco, le TGV pourrait constituer une réelle alternative à tous ceux qui font le trajet en voiture. D'après les estimations des autorités, le train électrique pourrait être emprunté par quatre-vingt-dix à cent millions de passagers chaque année. D'où cette critique acerbe du chroniqueur canadien Paris Marx : « Elon Musk a exercé un monopole virtuel sur la façon dont nous pensons le futur [afin de] nous garder tous piégés dans des voitures durant les décennies futures, en les équipant de batteries ou d'ordinateurs dernier cri ; cela ne ressemble pas vraiment à une révolution. Une alternative beaucoup plus durable à la possession massive de véhicules électriques consiste à éliminer complètement les voitures, ce qui implique des investissements sérieux pour créer des réseaux de transport en commun fiables, des infrastructures cyclables […] et de revitaliser le réseau ferroviaire. Mais Musk a continuellement fait obstacle à de telles alternatives[54]. »

Si le multimilliardaire entend avant tout préserver le cœur de son économie, sa lutte contre le projet de TGV californien tient aussi en partie à ses convictions pour le moins définitives sur les moyens de transport à plusieurs.

53. Hyunjoo Jin, Reuters, 2023, *https://www.reuters.com/business/autos-transportation/teslas-california-market-share-tumbles-despite-aggressive-price-cuts-2023-04-22*.
54. Paris Marx, *Time*, 2022, *https://time.com/6203815/elon-musk-flaws-billionaire-visions*.

« Les transports en commun sont pénibles, c'est nul[55] », a-t-il tranché lors d'une conférence en décembre 2017. Avant d'enchaîner, de la manière la plus caricaturale possible : « Pourquoi voulez-vous prendre [un transport] qui ne s'arrête pas là où vous voudriez qu'il s'arrête, ne commence pas là où vous voudriez qu'il commence, ne se termine pas là où vous voudriez qu'il se termine ? C'est pour ça que personne ne l'aime. En plus, il faut le partager avec un tas d'inconnus, dont l'un pourrait être un tueur en série. C'est pour ça que les gens préfèrent le transport individualisé, qui va où vous voulez, quand vous voulez. » Ne manque que la référence aux grèves des salariés des transports en commun, et le magnat complète le bingo des critiques les plus basiques contre une alternative plus écologique et moins chère que ses Tesla. Et quand, durant cette même conférence, un journaliste réplique avec l'exemple japonais de réussite des transports en commun, le caricaturiste de répondre : « Celui où ils entassent les gens dans le métro ? Non, mieux vaut un transport individuel. » À savoir une voiture personnelle, si possible moderne et électrique, soit – heureux hasard – exactement celle qu'il vend. On imagine mal ce grand amateur du luxe privé, qui utilise son jet pratiquement tous les jours, opter pour le métro urbain ou le train interurbain, quand bien même l'option serait plus frugale écologiquement et économiquement.

55. Aarian Marshall, *Wired*, 2017, *https://www.wired.com/story/elon-musk-awkward-dislike-mass-transit*.

Le faux politique

> *« Je ne suis conventionnellement ni de droite ni de gauche. [Mais] le virus woke a profondément pénétré le divertissement et pousse la civilisation vers le suicide. Il faut un contre-récit. »*
>
> Elon Musk sur Twitter/X.com, 2022

« Je ne crois pas qu'il ait des convictions politiques, seulement des intérêts personnels[1] », estime la journaliste américaine Elizabeth Lopatto. Depuis ses débuts dans le spatial, Elon Musk a compris le pouvoir du politique. Avec SpaceX, il a développé ce que l'on qualifie pudiquement de sens des « affaires publiques », cet art du relationnel avec les élus et décideurs pour assurer à sa société des rentrées d'argent. L'ancien Président américain Donald Trump l'a ainsi vilipendé : « Quand Elon Musk est venu à la Maison-Blanche pour me demander de l'aide sur tous ses nombreux projets subventionnés [...] en me disant qu'il était un grand

1. Elizabeth Lopatto, *The Verge*, 2022, *https://www.theverge.com/2022/12/2/23488770/elon-musk-texas-twitter-politics-republican.*

fan de Trump et un républicain, j'aurais pu dire "mets-toi à genoux et supplie", et il l'aurait fait. » La critique tombe dans la caricature, alors qu'elle se fonde sur une réalité : en 2015, l'économiste italo-américaine Mariana Mazzucato a évalué que Tesla, SpaceX et SolarCity ont reçu plus de 5 milliards de dollars de subventions publiques américaines. « Admettre ce soutien massif aux entreprises qui vous ont permis de réussir devrait être une obligation », tacle-t-elle. Pas le genre de Musk. Le *storyteller* mû en lobbyiste n'a de cesse par exemple de marteler sa vision libérale d'une conquête spatiale privatisée avec des fusées réutilisables, reléguant l'apport de preuves concrètes du modèle à plus tard. Et ça a marché ! Désormais, il peut vanter SpaceX comme « la première société privée à envoyer des gens dans l'espace », alors même que son modèle repose sur l'afflux de contrats et subventions publics américains. Peter Thiel résume ainsi la formule de SpaceX : « Dans les grands contrats, la politique compte autant que l'ingéniosité technologique [...] Comme il fallait s'y attendre, certains élus du Congrès refusent de renoncer aux fonds fédéraux alloués à leur circonscription. Mais comme les ventes complexes n'imposent de conclure que quelques marchés par an, un grand maître des ventes comme Elon Musk peut employer ce temps pour se concentrer sur les interlocuteurs les plus cruciaux[2]. » Gilles Rabin, conseiller du président du Centre national d'études spatiales (Cnes), me confie aussi : « Le spatial, c'est l'un des secteurs où l'on ment le plus. On a beau le voir comme un secteur privé, partout les missions spatiales sont financées à 80 ou

2. Peter Thiel, *De zéro à un*, J.-C. Lattès, 2016.

90 % par les deniers publics. En ce sens, Elon Musk n'est qu'un autre lobbyiste qui survend ses services. C'est de la politique, pour convaincre d'acheter. »

Mais ce lobbying politique ne se fait jamais sans arrière-pensées. Si, *a priori*, s'engager dans le secteur du spatial, c'est l'assurance de « cramer la caisse » – tant la rentabilité est difficile –, il s'agit aussi d'une industrie avec une logique du « *winner takes it all* », où le leader s'impose en dominant et peut ensuite dicter sa loi. Cette stratégie, prisée des géants technologiques (Google, Facebook, Amazon), commence à émerger pour SpaceX. Au point que même l'Agence spatiale européenne va lui confier des lancements de satellites Galileo, et tant pis pour l'Européen Ariane ! Mieux, maintenant que SpaceX apparaît comme leader des lancements, il peut réaugmenter ses prix. Maintenant que sa constellation de satellites Starlink occupe une grande partie du ciel, il peut réajuster ses tarifs à la hausse. « C'est un défi difficile de conserver une longueur d'avance et de ne pas commencer à saigner, a justifié Tom Ochinero, vice-président des ventes de SpaceX, à la chaîne CNBC. C'est un marché tellement concurrentiel, vous devez payer les gens tellement cher maintenant. [Cette] décision est motivée purement par l'inflation[3] », a-t-il encore fait valoir mi-mai 2022, tandis que la facture d'un lancement de fusée augmentait de 8 % et le prix de l'abonnement Starlink connaissait une hausse de 11 % (l'inflation américaine s'est établie à 6,5 % en 2022).

3. Michael Sheetz, CNBC, 2022, *https://www.cnbc.com/2022/03/23/spacex-raises-prices-for-launches-and-starlink-due-to-inflation.html.*

Maire

Cette propension à séduire les politiques pour ensuite en tirer une puissance économique plus large se retrouve à l'échelon local. Illustration avec l'installation de SpaceX, au début des années 2010, à Boca Chica, au bord du golfe du Mexique, dans l'une des régions les plus pauvres du Texas. Plusieurs pistes étaient alors explorées : la Floride, qui a accueilli les premiers lancements de fusées, mais où il aurait fallu faire la queue avec les autres concurrents ; l'enclave Porto Rico, hélas desservie uniquement par voie maritime ; et finalement l'État du Texas, généralement maladroit avec les industriels. Maladroit mais généreux en subventions. Au total, l'État a déboursé 32 millions de dollars d'aides pour l'entreprise privée. Pour les habitants de Boca Chica, petit village modeste, SpaceX a été un grand retournement. Musk a voulu racheter toutes les maisons et terres pour en quelque sorte privatiser l'endroit. Une poignée de retraités a refusé. « Nous sommes là depuis quinze ans, raconte Gale McConaughey, 81 ans, au *Monde*. Nous avons acheté cette maison pour 50 000 dollars. Les gens de SpaceX nous ont proposé de la racheter trois fois sa valeur, 190 000 dollars. Mais avec ça, je ne pourrais pas racheter quelque chose d'équivalent[4]. » Aussi, lorsqu'a lieu un décollage ou un essai de fusée, SpaceX les évacue dans un hôtel de l'autre côté du bras de mer, pour plus de sécurité.

---

4. Arnaud Leparmentier, *Le Monde*, 2022, *https://www.lemonde.fr/economie/article/2022/03/25/avec-la-base-de-lancement-de-spacex-la-vie-bouleversee-du-village-de-boca-chica-aux-etats-unis_6119036_3234.html.*

L'entreprise a détruit tout ce qu'elle avait acheté (une centaine de terrains) pour reconstruire des maisons neuves pour ses employés, avec des panneaux solaires fournis par la division de Tesla sur le toit. Boca Chica est devenu « Starbase Village ». Au grand dam des défenseurs locaux de l'environnement, qui critiquent les nuisances (la chaleur peut dépasser les 100 °C sur 500 mètres) sur un écosystème qui abrite des oiseaux migrateurs. Sans parler des crashs et autres ratés, qui projettent des débris aux alentours. Ou de l'accès à la plage, régulièrement bloqué le temps de décollages. Tant pis, la mairie est conquise. « Le projet prévoyait huit cents emplois, on en est à mille huit cents, et plus de 80 % sont de la région. C'est phénoménal ! » se réjouit un membre des autorités locales auprès du quotidien du soir. Et tant pis pour les habitants. « C'était un petit quartier, et Elon Musk s'en est emparé, déplore Mary Helen Flores, enseignante dans la ville voisine de Brownsville, auprès du *Sunday Times*. C'est un État rouge [contrôlé par le Parti républicain] où personne ne va se soucier de ce qu'il fait dans une pauvre ville frontalière, [peu importe qu'il détruise un écosystème] là depuis des centaines d'années[5]. » Pour calmer les tensions, Musk s'est engagé à faire don de 20 millions de dollars aux écoles du comté de Cameron, dont fait partie Boca Chica, et de 10 millions de dollars à Brownsville. D'autant que, maintenant, le multimilliardaire a un autre projet en tête : construire sa propre ville.

5. Will Pavia, *The* Sunday *Times*, 2023, *https://www.thetimes.co.uk/article/elon-musk-wipes-out-village-in-texan-wilderness-for-spacex-77nvzdt7t.*

Le *Wall Street Journal*[6] a révélé qu'il planifie la construction de sa propre cité, également dans l'État du Texas, en banlieue d'Austin, dans le comté de Bastrop, juste à côté de locaux de SpaceX et de The Boring Company. Il a ainsi acquis plus de 1 400 hectares de terres agricoles (l'objectif serait de monter à 2 500 hectares) et multiplie les rencontres avec des agents immobiliers, propriétaires fonciers, architectes et entrepreneurs. « Ils veulent que ça reste secret. Ils veulent faire les choses avant que quiconque apprenne vraiment ce qui se passe », glisse au quotidien économique Chap Ambrose, un résident voisin. Cent dix maisons seraient déjà en construction, tout comme un gymnase et une piscine. La ville nouvelle serait prénommée « Snailbrook », en référence à l'escargot (*snail* en anglais), mascotte de The Boring Company. À terme, Elon Musk, sa petite amie Grimes et le chanteur polémique Kanye West auraient prévu d'y résider, les logements seraient aussi proposés à prix réduits aux salariés du grand patron, et l'élection d'un maire serait déjà prévue. Si l'on y voit une énième expression de l'*hubris* de Musk, cette idée de bâtir sa propre ville n'est pas neuve pour lui. Il a, de longue date, vanté l'idée de créer une communauté « hors réseau », notamment avec son frère Kimbal – qui promeut le développement d'une agriculture biologique ultra-locale et de « jardins d'apprentissage » pour enseigner dans les écoles la culture des légumes. De son côté, Elon Musk vantait, mi-2021, la possibilité pour les villes de devenir indépendantes du réseau d'électricité grâce à ses panneaux

6. Kirsten Grind, Rebecca Elliott, Ted Mann et Julie Bykowicz, *Wall Street Journal*, 2023, *https://www.wsj.com/articles/elon-musk-texas-town-52386513*.

solaires – le quartier d'Easton Park dans le sud-est d'Austin (Texas) avait alors été entièrement équipé en photovoltaïque et en batterie, et renommé « Sun House ».

Reste à savoir si Musk va réellement faire de cette « utopie texane » le contre-point libertarien de tout ce qu'il critique à propos de la Californie, « autrefois pays des opportunités et devenue le pays de la surréglementation, des litiges excessifs et de la surimposition[7] ». De quoi ravir les aficionados du personnage, et plus largement tous les anti-impôts ? Pas forcément. En tout cas lorsque l'on se souvient du projet « Free Town » (littéralement « Ville Libre ») : au milieu des années 2000, un groupe d'activistes libertariens a transformé la petite ville de Grafton, dans le New Hampshire, en paradis inspiré par la philosophe Ayn Rand, c'est-à-dire sans règles, sans lois, et avec le minimum possible de taxes. Le journaliste Matthew Hongoltz-Hetling raconte l'expérience[8] : « À peu près tous les financements publics ont diminué : les pompiers, la bibliothèque, l'école… Les lois étatiques et fédérales sont devenues de douces suggestions, à peine entendues dans l'épaisse nature sauvage de la ville, qui n'était plus qu'une colonie à peine peuplée avec une route goudronnée. [Sauf que] l'atmosphère a rapidement attiré l'attention des voisins : les ours. Les citoyens épris de liberté ont ignoré les lois sur la chasse et les règlements sur l'élimination des aliments. Ils ont construit une ville de tentes dans le but de sortir du réseau. Les ours ont flairé la nourriture

7. Reuters, CNBC, 2021, *https://www.cnbc.com/2021/12/22/teslas-musk-says-he-sold-enough-stock-slams-california-for-overtaxation.html.*

8. Matthew Hongoltz-Hetling, *A Libertarian Walks Into a Bear*, PublicAffairs, 2020, non traduit.

et l'opportunité. » En somme, l'expérience n'a pas été un succès. Les quelques centaines de libertariens vivant là ont commencé à se battre entre eux, et les ours ont envahi la ville.

Plus largement, aux États-Unis, l'histoire des « *company towns* », ces cités ouvrières construites par des entreprises, notamment au XIXe siècle lorsque les industries du charbon, de l'acier et du textile étaient en plein boum, ont laissé un souvenir amer. « Les *company towns* représentent deux volets très différents du capitalisme, écrit le journaliste Hardy Green. D'un côté, un idéal paternaliste et utopique qui favorise le développement d'écoles, d'hôpitaux, de parcs et de logements pour les travailleurs. De l'autre, une exploitation extrême où les profits sont concentrés au détriment du bien-être des employés[9]. » Ainsi, historiquement, les villes construites par les sociétés du charbon ont pu prendre des allures de camps de prisonniers en matière d'abus et de pauvreté, avec des logements insalubres et des écoles privées où les enfants n'apprenaient les informations que du point de vue du patron. Avec, dans certains cas, des travailleurs payés en coupons plutôt qu'en dollars, qui n'étaient échangeables que dans les magasins de la ville (où les tarifs étaient en moyenne 20 % plus élevés qu'à l'extérieur). Difficile de ne pas y voir une résonance avec certains projets d'Elon Musk, notamment son école alternative, Ad Astra, ouverte en 2014, lorsqu'il jugeait que « les compétences nécessaires pour créer l'avenir ne sont pas enseignées à l'école » (elle a finalement fermé

9. Hardy Green, *The Company Town: The Industrial Eden's and Satanic Mills That Shaped the American Economy*, Basic Books, 2012, non traduit.

en 2022). Ou avec ses vues sur les cryptomonnaies – on l'imagine volontiers vouloir un jour rémunérer ses salariés avec sa propre cryptomonnaie.

Conservateur

« Finalement, Elon Musk est assez opportuniste, analyse pour moi Adrien Tallent, doctorant en philosophie à Sorbonne Université et spécialiste d'éthique. S'il se revendique de la philosophie libertarienne, qui considère l'État comme un obstacle, c'est principalement pour servir ses intérêts. Quand il qualifie de "fasciste" le confinement [durant la pandémie de Covid] en Californie, c'est pour justifier le déménagement du siège de Tesla vers le Texas, où les impôts sont bien plus faibles [Tesla a reçu environ 64 millions de dollars en allégements fiscaux[10]]. En revanche, il n'a pas dit grand-chose après l'interdiction de l'avortement là-bas, parce que ça ne touchait pas à son portefeuille. » À partir de septembre 2021, l'État du Texas a en effet fait un grand pas en arrière en interdisant l'avortement. Dans le détail, il est interdit d'avorter dès que les battements du cœur de l'embryon peuvent être détectés, soit à environ six semaines de grossesse, quand la plupart des femmes ignorent encore être enceintes – la loi ne prévoit pas d'exception en cas de viol ou d'inceste. Tandis que le pays était secoué par cette décision (suivie l'année d'après par la décision historique de la Cour suprême de revenir

10. Isabelle Gius, *The American Prospect*, 2022, *https://prospect.org/economy/tax-breaks-cushion-teslas-texas-landing*,

sur le droit à l'avortement aux États-Unis), le gouverneur républicain du Texas, Greg Abbott, assurait être soutenu par Elon Musk. L'intéressé a bien perçu l'aspect hautement inflammable de la polémique, et le risque d'un vif boycott des consommateurs bien au-delà du seul Texas. Aussi, le patron a préféré la fuite en avant : « Je préfère rester en dehors de la politique[11]. »

Il n'assume pas ses précédentes prises de position conservatrices. Et se remet à noyer le poisson sur son appartenance politique. Musk aime jouer l'anguille. Il se prétend volontiers « moitié démocrate, moitié républicain », se joue de l'échiquier politique américain en faisant des dons aux deux principaux partis, se décrit parfois comme un « modéré, un socialiste, un social-libéral et un conservateur fiscal », perturbe en critiquant un jour le confinement lié à la pandémie de Covid-19 (s'inscrivant dans le sillage de la droite la plus dure) et le lendemain rejette toute restriction sur l'immigration (tel un militant de gauche), sympathise avec Donald Trump mais quitte son poste de conseiller dès que le Président sort de l'Accord de Paris sur le climat, etc. Un de ses amis de la Mars Society commente : « Je crois qu'il n'appartient pas à un spectre politique clair : un jour, il est conservateur, le lendemain, gauchiste, le surlendemain, centriste… Il change d'avis constamment en fonction de l'actualité. On pourrait y voir une ouverture d'esprit, mais cela passe par son esprit d'ingénieur, un peu comme un pointeur laser qui rebondit dans des directions inattendues, imprévisibles. »

11. Elon Musk, messages sur Twitter/X.com, 2 septembre 2021, *https://twitter.com/elonmusk/status/1433474893316722691*.

Le pire, c'est qu'Elon Musk justifie tout, même ses positions les plus saugrenues, même les plus bancales. « Par le passé, j'ai voté démocrate, parce qu'ils étaient (principalement) le parti de la gentillesse. Mais ils sont devenus le parti de la division et de la haine, donc je ne peux plus les soutenir et voterai républicain[12]. » Cette élucubration dissimule (mal) son rejet du parti démocrate et de ses représentants, et en premier lieu le Président Joe Biden. Après avoir soutenu Donald Trump en 2020, Musk s'est rangé derrière Ron DeSantis, candidat conservateur qui a abandonné durant la primaire républicaine pour se ranger derrière Trump en vue de l'élection présidentielle américaine de 2024. Il a beau se jouer des codes politiques, Musk ne dupe personne. Par exemple, quand il se dit plus progressiste que les Républicains sur l'immigration en s'opposant volontiers aux politiques de restriction. « Nous devons laisser entrer quiconque veut travailler dur aux États-Unis, c'est une évidence », clame-t-il. Mais il ne s'agit que d'une posture. Peu après, sa véritable idéologie s'affichera, à la faveur d'une crise migratoire aux États-Unis, et elle s'avère bien plus ancrée à l'extrême droite. « L'immigration illégale doit cesser[13] ! » Le magnat se rend à Eagle Pass, ville du Texas à la frontière avec le Mexique, où un grand nombre de migrants traversent le Rio Grande et les barbelés, pour une excursion avec les autorités, face à des centaines de migrants arrêtés. Accompagné du député républicain local Tony Gonzales, il raconte face caméra, Stetson sur la tête et lunettes aviateur, tel un cow-boy en

---

12. Elon MUSK, message sur Twitter/X.com, 18 mai 2022, *https://twitter.com/elonmusk/status/1526997132858822658*.
13. Elon MUSK, message sur Twitter/X.com, 29 septembre 2023, *https://twitter.com/elonmusk/status/1707809181426921762*.

mission, comment les officiels américains accordent l'asile à des personnes arborant des tatouages de gang, notamment « une larme sur le visage pour chaque personne qu'ils ont tuée ». Et d'ajouter : « Ils laissent entrer un meurtrier en série, qui est fier de ses meurtres, c'est insensé ! » Le tatouage d'une larme près de l'œil peut signifier, dans les gangs de l'Ouest américain, la revendication d'un meurtre, mais il a beaucoup d'autres significations possibles (aussi bien avoir été violé que le souvenir d'un proche décédé). Musk s'offre un immense raccourci, sans aucune preuve, avec simplement l'objectif de profiter d'un cirque médiatique pour critiquer la politique migratoire aux États-Unis. Au passage, il fait le jeu de l'extrême droite, en reprenant le poncif d'un lien entre immigration et criminalité. Et le patron d'assener, tel un élu conservateur en campagne : « Il faut arrêter ce flux de personnes qui est d'une telle ampleur qu'il entraîne l'effondrement des services sociaux. » Un vocable digne d'un activiste traditionnaliste. Et c'est exactement ce qu'est Elon Musk. Sur ce sujet, il ne cesse de relayer tous les médias les plus conservateurs, qui parlent régulièrement d' « une invasion[14] » de migrants. Il franchit le Rubicon lorsqu'il critique la crise migratoire européenne, relayant un compte d'extrême droite italien qui critique les ONG allemandes qui sauvent des migrants en détresse dans la mer Méditerranée : « Le public allemand est-il au courant[15] ? » Ce à quoi rétorque le ministère allemand des Affaires étrangères : « Oui, cela s'appelle sauver des vies. »

---

14. Elon Musk, message sur Twitter/X.com, 3 octobre 2023, *https://twitter.com/elonmusk/status/1709007675608957118.*
15. Elon Musk, message sur Twitter/X.com, 29 septembre 2023, *https://twitter.com/elonmusk/status/1707758153977204846.*

Dans la foulée, Musk incarne l'ultime cliché du cow-boy texan en s'affichant[16] en train de tirer avec un Barrett M82, l'un des fusils de précision les plus puissants, capable d'envoyer des cartouches de calibre 50 (l'une des plus grosses), popularisé pendant l'opération Tempête du désert en 1991 où le fusil terrassait camions et blindés irakiens. L'occasion de réafficher son soutien au droit de porter une arme aux États-Unis – il s'est précédemment déclaré[17] en faveur d'une « vérification stricte des antécédents » lors des ventes d'armes, tout en invoquant ce « droit [qui] constitue une garantie importante contre une éventuelle tyrannie du gouvernement ; historiquement, c'est pour maintenir leur pouvoir sur le peuple que ceux qui étaient au pouvoir n'autorisaient pas la possession publique d'armes ». Elon Musk en fait de moins en moins secret : il a embrassé la « culture de la guerre » face au progressisme. Une tendance propre à l'*alt-right* américaine, cette mouvance d'extrême droite qui rejette pêle-mêle le féminisme, le multiculturalisme, milite pour le suprémacisme blanc et se voit teintée d'antisémitisme, de sexisme et de conspirationnisme.

Alt-right

Il revendique d'ailleurs cette affiliation dans la stratégie qui a motivé son rachat de Twitter, dans sa lutte

16. Elon Musk, message sur Twitter/X.com, 30 septembre 2023, *https://twitter.com/elonmusk/status/1707915765977055584*.
17. Brian Schwartz et Lora Kolodny, CNBC, 2022, *https://www.cnbc.com/2022/05/25/elon-musk-backs-tight-background-checks-for-all-gun-sales-in-wake-of-mass-shooting-in-texas.html*.

contre le « virus woke » qui infecterait selon lui l'Amérique, ciblant les mouvements de défense des droits des minorités, regroupant notamment l'antiracisme et Black Lives Matter, le féminisme et #MeToo, la lutte pour les droits LGBT+, etc. « C'est un virus qui affecte votre vision et affecte votre capacité à interagir avec la réalité, et qui se diffuse, résume *The Post Millennial*, un média en ligne d'extrême droite, tendance complotiste, financé par l'homme d'affaires conservateur et corrompu Jeffrey Webb. C'est contagieux, à travers les réseaux sociaux, à travers la propagande auprès des enfants, à travers TikTok, les médias *mainstream*, les séries télé[18]… » Musk a plusieurs fois relayé ce média en ligne. Comme il le raconte à son biographe[19], l'acquisition du réseau social répond à un triple objectif: acquérir un nouveau joujou, prendre sa revanche sur PayPal en réimposant son concept de X.com, et « aider à sauver la liberté d'expression ». C'est ce dernier argument qu'il ne cessera d'agiter, se disant « absolutiste de la liberté d'expression ». Sauf que sa définition de la liberté d'expression s'avère bien éloignée de la vision française. Pour lui, il s'agit plutôt de pouvoir tout dire, même la haine, même le mensonge, se réclamant du Ier amendement de la Constitution américaine. On a envie de lui rappeler que cette lecture libérale ne s'applique pas aux sociétés privées

18. TPostMillennial, message sur Twitter/X.com, le 16 mai 2023, *https://twitter.com/TPostMillennial/status/1658577507413573635*.
19. Walter Isaacson, *op. cit.*

et qu'elle s'avère relativement récente dans l'histoire des États-Unis[20].

Dès le rachat de Twitter, on anticipe aisément qu'Elon Musk, spécialiste d'une expression à la frontière de la ligne rouge, entend laisser libre cours à n'importe quel discours nauséabond, complotiste ou négationniste. Et il n'en a pas été autrement. Sur la foi d'un sondage à propos d'une « amnistie générale », opéré directement sur la plate-forme et sans aucune fiabilité de représentation, il a proclamé : « le peuple a parlé », et a réintégré nombre de comptes bannis, essentiellement ceux qui tenaient des propos haineux. Un « big bang » pour les équipes qui ont réactivé en quelques jours soixante-deux mille comptes[21] – dont Donald Trump, ancien Président américain spécialiste des mensonges, qui avait été banni après l'assaut du Capitole par ses partisans à Washington. La meilleure illustration de cette perception ultralibérale de la liberté d'expression est certainement le laisser-faire face au rappeur américain Kanye West, exclu seulement un temps après avoir exprimé son admiration pour Adolf Hitler et publié une image représentant une

20. « Pendant longtemps, il existait de nombreuses restrictions à la liberté d'expression, en partie en raison de normes sociétales différentes, notamment en termes de moralité sexuelle, mais aussi pour des raisons politiques perçues comme liées à la préservation des intérêts de l'État, explique Jérôme Viala-Gaudefroy, maître de conférences à l'université Cergy-Paris et spécialiste des États-Unis. C'est lorsque la Cour fut présidée par Earl Warren (1953-1969) que tout a changé, dans un contexte de plus grande tolérance envers les discours séditieux liés aux droits civiques et à la guerre contre le Vietnam. L'interprétation libérale du Ier amendement a aussi permis de protéger le discours de haine du Ku Klux Klan, comme le stipule en 1969 l'arrêt Brandenburg *vs* Ohio – une décision qui fait jurisprudence encore aujourd'hui. »

21. Casey Newton et Zoë Schiffer, Platformer, 2022, *https://www.platformer.news/p/why-some-tech-ceos-are-rooting-for*.

croix gammée entrelacée avec une étoile de David. La star, qui se fait appeler « Ye », multiplie depuis 2022 les propos antisémites, ce qui lui a notamment coûté ses fructueux contrats avec Adidas, Gap et Balenciaga, mais pas son accès à Twitter/X.com. On note aussi que le week-end après l'arrivée de Musk aux commandes du réseau social, celui-ci a enregistré un déferlement de messages racistes : la hausse est de l'ordre de + 1700 %, d'après la société d'analyse Dataminr, soit deux cent quinze insultes publiées toutes les 5 minutes.

Musk est le premier à bénéficier de cette liberté d'être nauséabond. Comme lorsqu'il flirte avec l'antisémitisme le plus primaire. Le milliardaire s'est attaqué à George Soros, financier et philanthrope américain, par ailleurs juif rescapé du régime nazi, simplement parce que celui-ci a décidé de revendre ses seize millions d'actions Tesla. « Il me fait penser à Magneto[22] », s'amuse le balourd, en référence au méchant des comics *X-Men*, également survivant de l'holocauste. Et d'accuser : « Soros déteste l'humanité. Il veut éroder le tissu même de la civilisation. » Il reprend ainsi tout le vocable antisémite qui cible régulièrement George Soros. Dans la foulée, Musk a soutenu l'idée d'un « complot » médiatique contre Twitter soutenu par des organisations juives, et a menacé de porter plainte contre l'Anti-Defamation League (ADL), principale organisation américaine de lutte contre l'antisémitisme, arguant que celle-ci est responsable de l'exode des publicitaires sur Twitter depuis son rachat, parce qu'elle dénonce la mauvaise modération du réseau. « Il est

22. Elon Musk, message sur Twitter/X.com, 16 mai 2023, *https://twitter.com/elonmusk/status/1658291808592629761*.

profondément troublant qu'Elon Musk s'engage dans une campagne antisémite hautement toxique sur sa plate-forme, a commenté Jonathan Greenblatt, patron de l'ADL. Cette campagne lancée par un fanatique impénitent a ensuite été fortement promue par des individus tels que le suprémaciste blanc Nick Fuentes, le nationaliste chrétien Andrew Torba, le théoricien du complot Alex Jones et d'autres. » Et l'intéressé de botter en touche: « Pour être clair, je suis pour la liberté d'expression mais contre l'antisémitisme sous toutes ses formes[23]. » Pas de quoi le réfréner un mois plus tard, en plein conflit israélo-palestinien, lorsqu'il approuve l'idée que « les communautés juives promeuvent une dialectique de haine contre les Blancs[24] » et ont « une propension à imputer l'antisémitisme aux Américains blancs », soutenant le vocable de mouvances néonazies sur le « complot juif ». Dans la même logique, l'intéressé n'hésite pas à soutenir publiquement[25] une thèse raciste selon laquelle le quotient intellectuel (QI) des personnes noires serait inférieur et que les laisser piloter des avions de ligne augmenterait le risque de crash… Lunaire.

Pour Elon Musk, si la communication est tant axée sur la liberté d'expression, c'est pour mieux dissimuler ses vues politiques. « Il faut arrêter ce virus woke, qui est fondamentalement antiscience, antimérite, et antihumain en général, sinon la civilisation ne deviendra jamais

23. Elon Musk, message sur Twitter/X.com, 4 septembre 2023, *https://twitter.com/elonmusk/status/1698750300474016250*.
24. Par deux messages sur Twitter/X.com, où il répond « C'est exactement ça » et « Oui ! », le 15 novembre 2023.
25. Elon Musk, message sur Twitter/X.com, 9 janvier 2024, *https://twitter.com/elonmusk/status/1744821656990675184*.

multiplanétaire », justifie-t-il à Walter Isaacson. C'est alors un virage complet pour le réseau social, longtemps dirigé par une philosophie progressiste, proche des démocrates – l'ancien P.-D.G. et cofondateur Jack Dorsey s'était par exemple illustré lors d'une conférence avec un tee-shirt revendiquant « *Stay woke* » accompagné du logo de Twitter (tee-shirt que l'on retrouvait en nombre dans les armoires de l'entreprise). Plusieurs figures du camp conservateur ont ainsi salué la bascule de Twitter. « Le mouvement pour la diversité et l'inclusion a perdu le contrôle de Twitter, qui servait de principal instrument pour diffuser l'idéologie dans la sphère des entreprises, a revendiqué[26] l'entrepreneur danois David Heinemeier Hansson, qui s'est illustré pour avoir voulu interdire toute « discussion sociétale et politique » sur le réseau social interne de son entreprise Basecamp. La menace des foules sur Twitter avait imposé une obéissance rapide aux dirigeants d'entreprise et autres figures de pouvoir, par peur des fourches. Mais maintenant Twitter appartient à Elon Musk, et cela modifie le rapport de force. » Même ton réjoui pour David Marcus[27], ancien P.-D.G. de PayPal et ancien directeur chez Facebook : « L'époque où on se plaignait auprès du P.-D.G. et devant des milliers de personnes de la qualité du papier toilette est révolue. » Marcus s'est plusieurs fois désolé de voir les salariés de Meta (Facebook) oser réclamer de meilleures conditions de travail, autant en matière de w.-c. que de rémunérations.

---

26. David HEINEMEIR HANSSON, sur son blog, 2022, *https://world.hey.com/dhh/the-waning-days-of-dei-s-dominance-9a5b656c*.
27. David MARCUS, message sur Twitter/X.com, 16 novembre 2022, *https://twitter.com/davidmarcus/status/1592970137732538369*.

Anti-woke

L'expression de cette doctrine politique se retrouve dans les manœuvres de Musk sur l'intelligence artificielle. Les progrès des nouvelles IA ont pris corps fin novembre 2022 lorsque l'entreprise américaine OpenAI lâche son robot ChatGPT, capable de répondre à n'importe quelle demande et d'automatiser un grand nombre de tâches. Dans la lumière, Sam Altman, P.-D.G. et cofondateur de cette société, fondée fin 2015 dans un laboratoire de recherche sans but lucratif, qui s'est mû en aréopage d'ONG et d'entreprise privée. Le trentenaire est reçu partout, par tous les chefs d'État, et sa parole fait foi sur l'avenir radieux promis à l'IA. Dans l'ombre, Elon Musk fulmine. Lui qui a fait partie des premiers soutiens d'OpenAI, participant à son lancement en fanfare – il a mis au pot plus de 50 millions de dollars. Lui qui, à ce moment-là, était désigné comme « coprésident » aux côtés de Sam Altman. Pourquoi personne ne le mentionne dans cette réussite ? Tout simplement parce qu'il s'est brouillé avec les dirigeants de l'entreprise.

Début 2018, à son habitude, Musk souhaite accélérer sur le développement de l'IA, craignant de se voir distancé par Google, et, au passage, veut tirer la couverture à lui. Il se met en tête de prendre le contrôle d'OpenAI : il tente de convaincre les autres cofondateurs de démettre Sam Altman et de le nommer seul P.-D.G., avec dans l'idée d'en faire une filiale de Tesla. Manigance manquée. Sa proposition est rejetée, Altman prend la main sur l'ensemble, développe un volet lucratif et entame des négociations avec Microsoft – qui, moins de six mois plus tard, investira plus d'un milliard de dollars en échange d'une forme d'exclusivité et d'intégration de Chat-GPT dans ses produits. Trop pour Musk, qui honnit Bill Gates, le cofondateur de Microsoft. Il démissionne du conseil d'administration d'OpenAI. Ses doigts le brûlent et il critique : « Cela semble être le contraire de l'ouverture. OpenAI est essentiellement capté par Microsoft[28]. » Et de s'épancher sur CNBC : « Je suis la raison d'être d'OpenAI. C'est moi qui ai pensé à ce nom ! [...] J'admets complètement avoir été un gros idiot sur ce dossier[29]... » Tandis que Chat-GPT est sur toutes les lèvres, Elon Musk se mobilise pour lui mettre des bâtons dans les roues, multipliant les déclarations tonitruantes sur « le risque majeur pour l'humanité » que présente l'intelligence artificielle. Il promeut par exemple une lettre ouverte appelant à « une pause » dans le développement de l'IA, courrier cosigné par plus de trente-trois mille personnes, dont le cofondateur d'Apple Steve Wozniak, l'historien Yuval Noah Harari ou le pionnier de l'IA Yoshua Bengio. Parce que « les systèmes d'IA [...] peuvent présenter de graves risques pour la société et l'humanité ».

Dans le même temps, cet Elon Musk vexé lance ses propres projets d'IA avec une nouvelle entreprise, baptisée xAI, accolée à Twitter. L'homme n'est pas à une contradiction près, tandis qu'il assure que son intelligence artificielle à lui sera « une IA qui se soucie de comprendre l'Univers [et donc] ne risque pas d'anéantir les humains, parce que nous

---

28. Elon Musk, message sur Twitter/X.com, 24 septembre 2020, *https://twitter.com/elonmusk/status/1309052632850468864*.
29. Rohan Goswami, CNBC, 2023, *https://www.cnbc.com/2023/05/16/elon-musk-says-hes-the-reason-chatgpt-owner-openai-exists.html*.

sommes une partie intéressante de l'Univers[30] ». Le robot débarque en novembre 2023, un an après Chat-GPT, et se prénomme Grok (référence au roman de science-fiction *En terre étrangère* de Robert A. Heilein, tandis que xAI assure que son IA « est calquée sur *Le Guide du voyageur galactique* [afin de] répondre à presque tout »). Sa connaissance se base sur les échanges tenus sur le réseau social Twitter/X.com, et l'ambition est bien politique. Musk a plusieurs fois évoqué sa volonté de bâtir une IA capable de « chercher la vérité au maximum », désignant un temps l'outil sous le sobriquet de « Truth-GPT », faisant écho à Truth Social, le réseau social lancé par Donald Trump après avoir été banni de Twitter. L'idée est de concurrencer le Chat-GPT d'OpenAI, jugé biaisé et trop « woke ». En somme, Grok veut se différencier par son idéologie de droite conservatrice, alimentée par un réseau social qui penche de plus en plus du côté de l'extrême droite.

Extrême droite

Ce n'est en rien une surprise. Le récit des soirées d'Elon Musk par son biographe illustre sa connivence avec l'extrême droite américaine. Dans sa bande tout en testostérone, on retrouve ainsi Joe Rogan, spécialiste d'arts martiaux devenu l'animateur du podcast complotiste le plus écouté des États-Unis, Jordan Peterson, un psychologue canadien héraut des masculinistes et de l'extrême

30. Tucker Carlson, Fox News, 2023, *https://www.foxnews.com/video/6325259104112*.

droite, et tous les protégés de Peter Thiel, le cofondateur de PayPal et conseiller de Donald Trump, en guerre contre « la diversité et le politiquement correct » et qui s'affiche volontiers avec des néofascistes. Notamment Ken Howery, qui fut ambassadeur en Suède sur nomination de Trump, Joe Lonsdale, un entrepreneur de la tech fermement « anti-woke », et David O. Sacks, capital-risqueur, coauteur avec Thiel de *The Diversity Myth* où ils font valoir que le multiculturalisme nuit à l'éducation et que certains cas de viols sont des « séductions ensuite regrettées » – *sic*. Ces trois derniers larrons participaient, étudiants à Stanford, au journal de droite dure fondé par Thiel, qui dénonçait volontiers les préservatifs gratuits distribués à la fac ou critiquait le mouvement contre l'*apartheid* en Afrique du Sud. La boucle est bouclée.

Ce n'est pas par hasard qu'Elon Musk est devenu l'idole des conservateurs américains. « Bienvenue du côté droit, Elon ! » l'a même salué l'une des figures de la droite trumpiste au Congrès, Lauren Boebert. À longueur d'interviews, le multimillionnaire ne cesse d'épouser les thèses les plus réactionnaires et de s'enfoncer dans le moule du parfait militant d'extrême droite. Par exemple, dans un entretien[31] avec le très (très) conservateur Tucker Carlson sur la très (très) conservatrice chaîne Fox News, il s'est laissé aller à une critique de la contraception et de l'avortement, qui conduirait d'après lui à un déclin de la population. « Dans le passé, nous pouvions compter sur de simples récompenses du système limbique [les émotions]

31. Tucker Carlson, Fox News, 2023, *https://www.foxnews.com/video/6325350959112.*

pour procréer. Mais une fois que vous avez le contrôle des naissances, des avortements et ainsi de suite, vous pouvez toujours satisfaire l'instinct limbique sans procréer. Je crains en quelque sorte que la civilisation, si nous n'avons pas assez de naissances pour au moins maintenir notre nombre, [...] ne s'effondre. »

Ce n'est pas la première fois que Musk évoque sa « crainte » d'une baisse de l'humanité. « L'effondrement de la population dû au faible taux de natalité constitue un risque bien plus grand pour la civilisation que le réchauffement climatique[32] », a-t-il expliqué sur Twitter. Et, à l'annonce de la naissance de ses jumeaux avec une dirigeante de sa start-up Neuralink, il s'amuse même : « Je fais de mon mieux pour lutter contre la crise de la sous-population. L'effondrement du taux de natalité est de loin le plus grand danger auquel la civilisation est confrontée. J'espère que vous avez une famille nombreuse et félicitations à ceux qui en ont déjà[33] ! » Plus tôt, dans une série de messages sur Twitter[34] commentant l'annonce de la baisse du taux de natalité aux États-Unis, il a développé son raisonnement : « Le taux de natalité aux États-Unis est inférieur aux niveaux minimaux durables depuis environ cinquante ans. » Et d'ajouter, obscur : « Civilisation stérilisée. » Sauf que toute cette « crainte », tout comme son extrapolation politique antiavortement

32. Elon Musk, message sur Twitter/X.com, 26 août 2022, *https://twitter.com/elonmusk/status/1563020169160851456?s=20*.
33. Elon Musk, message sur Twitter/X.com, 7 juillet 2022, *https://twitter.com/elonmusk/status/1545046146548019201*.
34. Elon Musk, messages sur Twitter/X.com, 24 mai 2022, *https://twitter.com/elonmusk/status/1529097667858546689*.

et anticontraception ne sont pas à l'épreuve des faits. D'abord parce que des études historiques suggèrent que la contraception et l'avortement ont été pratiqués depuis que l'homme se reproduit. Ensuite, depuis une cinquantaine d'années et l'accessibilité aux pilules contraceptives dans les pays occidentaux, les Nations unies estiment que la population a plus que doublé – passant de 2,6 milliards à plus de 8 milliards aujourd'hui.

Dans ses projections, l'ONU estime que l'humanité va continuer de croître, pour atteindre 9 milliards d'individus autour de 2037 et 10,4 milliards vers 2100. Et de noter : « Le taux de croissance global de la population ralentit. Les pays ayant les niveaux de fécondité les plus élevés ont tendance à être ceux dont le revenu par habitant est le plus faible. Au fil du temps, la croissance démographique mondiale est donc devenue de plus en plus concentrée dans les pays les plus pauvres du monde, dont la plupart se trouvent en Afrique subsaharienne. [...] À l'inverse, les populations de soixante et un pays ou régions dans le monde [principalement en Occident] devraient diminuer d'ici à 2050[35]. » En somme, l'humanité ne fait pas face à un risque « d'effondrement », comme l'affirme Musk, simplement une évolution de la démographie avec une plus forte natalité dans les pays pauvres. Et c'est bien là que réside sa « crainte ». Si le milliardaire avait suivi la campagne pour l'élection présidentielle française de 2022, il reprendrait volontiers la théorie complotiste (et fausse) du « grand remplacement », popularisée par le

35. Organisation des Nations unies, *https://www.un.org/fr/global-issues/population.*

candidat d'extrême droite Éric Zemmour. On l'a d'ailleurs vu prendre la défense[36] de l'essayiste français d'extrême droite Alain Soral, condamné à de multiples reprises pour incitation à la haine, diffamation ou apologie de crimes de guerre.

Pour ceux qui auraient encore des doutes, Musk coche la dernière case de l'agit-prop haineuse d'extrême droite en accusant volontiers « les médias [et] les collèges et lycées d'élite [d'être] racistes envers les Blancs[37] ». Ou quand il dénonce une volonté de « génocide blanc[38] », réagissant à une manifestation d'extrême gauche en Afrique du Sud où était entonnée une chanson de l'époque de l'*apartheid*, laissant entendre qu'il s'agirait d'une mouvance aux États-Unis, surfant sur ce spectre récurrent d'un « génocide blanc » en préparation en Amérique. Plus largement, le milliardaire se retrouve dans la vision du mâle blanc (et riche) en déclin. Il l'évoque plus ou moins subreptICEment : « Contrairement à ce que beaucoup pensent, plus une personne est riche, moins elle a d'enfants. Je suis une rare exception. La plupart des gens que je connais n'ont aucun ou un enfant. » Cette préoccupation de vouloir préserver avant tout les Blancs riches est évidemment à mettre en parallèle avec l'origine de ce Sud-Africain, enfant de l'*apartheid*, dans la ville la plus ségréguée du pays. En effet, Elon Musk a été élevé au milieu d'une

---

36. Elon Musk, message sur Twitter/X.com, 4 octobre 2023, *https://twitter.com/elonmusk/status/1709452682438529025*.
37. Elon Musk, message sur Twitter/X.com, 26 février 2023, *https://twitter.com/elonmusk/status/1629764614870167552*.
38. Elon Musk, message sur Twitter/X.com, 31 juillet 2023, *https://twitter.com/elonmusk/status/1686037774510497792*.

idéologie suprématiste blanche, incarnée dans sa version extrême par le mouvement de résistance *afrikaner*, parti néonazi raciste au possible, dont les idées étaient largement diffusées en Afrique du Sud durant les années 1980. « Il y avait cette idée chez les Sud-Africains blancs, en particulier de Pretoria, qu'ils étaient le "peuple élu de Dieu", un mythe de supériorité de la race blanche, appuyé par un darwinisme social et renforcé par la religion calviniste, qui permettait de justifier le régime d'*apartheid*, m'explique Gilles Teulié, professeur à l'université d'Aix-Marseille et spécialiste de l'Afrique du Sud. À cette époque, il y avait une collusion entre le religieux et le politique. Tous ceux qui voulaient exister politiquement devaient être membres de l'Église réformée néerlandaise d'Afrique du Sud et s'afficher au temple tous les dimanches. »

Croyant

Bien qu'intégrée parmi les riches blancs de Pretoria, la famille Musk répondait plutôt au dogme méthodiste de tradition britannique, tout en disant conserver une grande tolérance. « Dans notre famille, il n'y a qu'un seul Créateur, mais peu importe auquel vous croyez, me confie le patriarche Errol Musk. Tous les soirs, avant de dîner, nous récitions un bénédicité, sans exception. » Concernant l'éducation religieuse d'Elon Musk, son père me rapporte qu'il a été baptisé dans une église méthodiste de Pretoria, puis a été inscrit dans une crèche et ensuite dans école maternelle juive, avant de suivre l'Anglican Sunday School, équivalent du cours de catéchisme organisé le dimanche. Au quotidien allemand *Die Welt*[39], Elon Musk dit qu'il croyait en Dieu enfant : « J'ai lu la plupart des textes religieux, et je suis d'accord avec certains principes, par exemple le commandement de tendre l'autre joue[40]. Mais est-ce que je crois que toutes ces histoires sont littéralement vraies ? Probablement pas. » Le magnat ne se définit ni comme chrétien ni comme religieux. S'il a bien déclaré ceci : « Je crois qu'il y a une certaine explication à l'Univers que l'on peut appeler Dieu[41] », il précise toutefois dans le podcast conservateur Babylon Bee : « Je ne suis pas très religieux [...] Je n'ai pas prié même quand j'ai failli mourir de malaria[42] ! » Et de revendiquer aujourd'hui « croire au Dieu de Spinoza », une référence à une réplique récurrente d'Albert Einstein – « Le mot Dieu n'est pour moi rien d'autre que l'expression et le produit des faiblesses humaines », résumait le physicien. D'après le philosophe Spinoza, si Dieu « a sur toutes choses droit et pouvoir suprême », il est aussi « une substance constituée d'une infinité d'attributs, qui se manifestent sous la forme d'une infinité de modes, et qui expriment, chacun à leur manière, une modalité de Dieu[43] ». Pas sûr qu'Elon Musk ait poussé

39. Mathias Döpfner, *Die Welt*, 2020, *https://www.welt.de/wirtschaft/plus221864904/Elon-Musk-im-Gespraech-mit-Mathias-Doepfner-Es-geht-darum-das-Leben-zu-spueren.html.*

40. Référence à la Bible, évangile de Matthieu, chapitre V, verset 39. Dans une explication de texte, *La Croix* détaille en 2014 : « Dans le monde antique, recevoir une gifle était une humiliation grave. [...] La loi juive prescrivait une amende [et] l'offensé pouvait aussi réclamer la "loi du talion". »

41. Dans un entretien en vidéo qui n'est plus disponible.

42. The Babylon Bee, 2021, *https://www.youtube.com/watch?v=jvGnw1sHh9M&t=5605s.*

43. Alain Gervais Ndoba, « Spinoza et le Dieu qui peut tout », 2020, *https://journals.openedition.org/asterion/5297.*

la réflexion jusque-là, roulant plutôt des mécaniques pour s'inscrire dans les traces d'Einstein. D'ailleurs, à Babylon Bee, il semble surtout prendre les questions à la rigolade : « Si Jésus sauve les gens, je ne me mettrai pas en travers de son chemin. Bien sûr, je serai sauvé. » Réponse étonnante quand, quelques mois plus tard, il clame, cryptique : « Je suis d'accord pour finir en enfer, si c'est bien ma destination, puisque la grande majorité des humains y sont nés[44]. »

Demeure donc toute une idéologie conservatrice qu'Elon Musk épouse aussi publiquement qu'en privé. Sa compagne Grimes raconte qu'il lui envoie régulièrement des messages avec des illustrations d'extrême droite et des propos dignes des plus folles théories du complot. Walter Isaacson tente un éclairage : l'homme serait particulièrement frustré quant aux choix de son aîné, désormais femme transgenre répondant au prénom de Vivian, de couper tout lien avec lui. Tout juste trois jours après avoir eu 18 ans, celle qui se prénommait précédemment Xavier Alexander Musk a déposé une demande auprès du tribunal de Los Angeles pour modifier légalement son genre et son nom. Elle a demandé à se renommer Vivian Jenna Wilson, du nom de sa mère, expliquant que ça correspond « à son identité de genre et au fait qu'elle ne vit plus avec son père biologique et ne souhaite plus être associé à lui de quelque façon que ce soit », note un document juridique que j'ai pu consulter. Sa demande lui a été accordée.

Elon Musk blâme l'éducation trop « woke » et « néomarxiste » de la prestigieuse école privée Crossroads

44. Elon Musk, message sur Twitter/X.com, 9 mai 2022, *https://twitter.com/elonmusk/status/1523618052247789568? lang=fr.*

qu'a fréquenté Vivian, et déplore : « Il est maintenant complètement communiste… et il a ce sentiment général que si vous êtes riches, vous êtes malfaisant[45]. » Avant de s'esclaffer, avec vulgarité : « J'ai une très bonne relation avec tous les autres, je ne peux pas convaincre tout le monde. » À aucun moment, le lourdaud conservateur ne remet en question ses multiples prises de position antitransgenres. À l'image de son commentaire : « [moi] quand vous indiquez dans votre biographie il/lui[46] », accompagnant le dessin d'un soldat au visage ensanglanté portant un casque indiquant : « J'aime opprimer. » Ou quand il promet : « Je soutiens les personnes trans[47] », tout en portant immédiatement un jugement à l'emporte-pièce : « mais tous ces pronoms sont un cauchemar esthétique ». Ou encore quand il réautorise sur Twitter nombre de comptes bannis pour des propos transphobes, dont le site Babylon Bee, suspendu après un message moquant Rachel Levine, pédiatre transgenre membre du gouvernement Biden, ou le conservateur Jordan Peterson, qui avait tenu des propos haineux contre l'acteur transgenre Elliot Page. Sans compter encore que Musk soutient Ron DeSantis pour l'élection présidentielle, qui s'est illustré comme gouverneur de Floride en signant une loi homophobe et transphobe (surnommée « Don't Say Gay »), interdisant aux enseignants d'évoquer l'orientation sexuelle ou l'identité de genre devant leurs élèves.

---

45. Roula KHALAF, *Financial Times*, 2022, *https://www.ft.com/content/5ef14997-982e-4f03-8548-b5d67202623a*.
46. Elon MUSK, message sur Twitter/X.com, en décembre 2020, et supprimé depuis.
47. Elon MUSK, message sur Twitter/X.com, 16 décembre 2020, *https://twitter.com/elonmusk/status/1339253909546823682*.

Et, comme dans un élan de lucidité, Elon Musk se prend à philosopher : « Créer des liens autour d'une haine partagée pourrait être plus efficace que créer des liens autour d'un amour partagé[48]. » Tout un programme. Qu'il ne pourra pas pousser à la présidence des États-Unis. Déjà parce qu'il est né en Afrique du Sud et la Constitution américaine l'empêche de se présenter. Mais aussi parce qu'il n'envisage pas le poste : « Je n'en ai pas envie, assure-t-il sur France 2. La liberté d'action d'un président des États-Unis est extrêmement limitée[49]. »

---

48. Elon Musk, message sur Twitter/X.com, 7 novembre 2023, *https://twitter.com/elonmusk/status/1721741106210025680.*
49. Anne-Sophie Lapix, France 2, 2023, *https://www.francetvinfo.fr/internet/reseaux-sociaux/twitter/document-france-2-le-milliardaire-elon-musk-n-envisage-pas-de-se-lancer-en-politique-si-j-etais-president-je-ne-pourrais-pas-envoyer-des-fusees-sur-mars_5896405.html.*

Le faux diplomate

« *Qu'est-ce que je fous dans cette guerre ?* »
Elon Musk à Walter Isaacson, 2023

S'il est tentant de caricaturer Elon Musk en balourd populiste d'extrême droite qui s'agite dans son coin, il ne faut pas négliger son poids politique. Et celui-ci transcende les États-Unis. L'invasion de l'Ukraine par la Russie en 2022 en a été un bon révélateur. Tandis que les chars russes avançaient et que le Kremlin diligentait moult cyberattaques, le vice-premier ministre ukrainien, Mykhailo Fedorov, a appelé à une cyberrésistance internationale : « Nous avons besoin de tous les talents numériques [pour] nous battre sur le front cybernétique[1]. » Et l'intéressé de m'expliquer : « Nous devions proposer une toute nouvelle stratégie pour contrer l'agression militaire russe. La guerre moderne exige des solutions modernes. Ce qui se passe en Ukraine est aussi une guerre entre le passé et l'avenir.

1. Boris Manenti, *L'Obs*, 2022, *https://www.nouvelobs.com/guerre-en-ukraine/20220307.OBS55356/la-cyber-resistance-de-l-ukraine-cette-riposte-que-poutine-n-avait-pas-anticipee.html.*

D'un côté, le passé [incarné pour lui par la Russie], avec beaucoup de matériel militaire traditionnel, des chars maladroits et des mensonges scandaleux. De l'autre, l'avenir [incarné par l'Ukraine], orienté sur les technologies. D'où cette nouvelle stratégie militaire qui se devait d'inclure de nouvelles solutions numériques[2]. » Plus de trois cent mille internautes, plus ou moins anonymes, plus ou moins capables de piratage, répondent à l'appel pour appuyer l'armée ukrainienne. Les échanges cryptés vont bon train sur les groupes Telegram, Signal et WhatsApp, animés notamment par une coalition d'Ukrainiens expatriés et travaillant dans le secteur des technologies.

La discussion se fait intense sur le rétablissement des communications, perturbées dans le pays, en particulier dans l'armée, depuis que les Russes ont saboté un satellite de la société américaine Viasat (privant au passage de connexion internet quelques milliers d'abonnés français et déconnectant plusieurs milliers d'éoliennes allemandes). Est rapidement suggéré de passer par le service Starlink de SpaceX, qui propose de se connecter à internet de manière fiable, mais avec une certaine latence et pour un coût important (en Ukraine, il faut débourser 500 dollars pour le terminal puis 60 dollars par mois ; en France, le matériel coûte 450 euros, l'abonnement 50 euros). Contact est pris avec des techniciens ukrainiens dans les rangs de Starlink pour optimiser la couverture du pays, à l'origine dans le secret d'Elon Musk, les techniciens craignant qu'il ne prenne peur et coupe tout. Fedorov

2. Boris Manenti, *L'Obs*, 2022, *https://www.nouvelobs.com/guerre-en-ukraine/20220321.OBS56003/mykhailo-fedorov-vice-premier-ministre-ukrainien-la-technologie-peut-etre-une-solution-contre-les-chars.html.*

participe à la discussion. Et, pas gêné, le jeune ministre ukrainien interpelle le patron directement sur Twitter : « Pendant que vous essayez de coloniser Mars, la Russie essaie d'occuper l'Ukraine ! [...] Nous vous demandons de fournir à l'Ukraine des stations Starlink[3]. »

Sous influence

À la surprise générale, l'intéressé accepte. Deux jours plus tard, cinq cents terminaux Starlink arrivent en Ukraine, avec l'aide du département d'État, l'équivalent américain du ministère des Affaires étrangères. Musk s'entretient avec le Président ukrainien Volodymyr Zelensky pour ajuster la logistique et le déploiement. Plus de vingt mille unités Starlink seront acheminées dans le pays en guerre, permettant aux militaires de communiquer et imposant le réseau satellitaire comme « la colonne vertébrale sur le champ de bataille », d'après le commentaire d'un responsable sur place[4]. Et imposant également Musk en incontournable de cette guerre. « Il n'est pas techniquement un diplomate ou un homme d'État, mais il est important de le traiter comme tel, étant donné l'influence qu'il a sur cette question », commente Colin Kahl, ancien sous-secrétaire à la Défense, auprès du *New Yorker*[5].

3. Elon Musk, message sur Twitter/X.com, 26 février 2022, *https://twitter.com/FedorovMykhailo/status/1497543633293266944*.
4. Ronan Farrow, *New Yorker*, 2023, *https://www.newyorker.com/magazine/2023/08/28/elon-musks-shadow-rule*.
5. *Ibid.*

Le magnat se donne la carrure d'un chef d'État. Sauf qu'il est à la fois influençable, imprévisible et près de ses sous. Pas vraiment le meilleur cocktail dans un contexte de guerre qui dure. Un peu plus de sept mois après le début du conflit, le multimilliardaire se lasse. Il se lasse de se vanter sur Twitter de toutes ses livraisons de Starlink en Ukraine et de combien il est indispensable pour les télécommunications ukrainiennes. Il se lasse aussi du coût pour SpaceX – d'après Musk, l'entreprise a déboursé 80 millions de dollars pour le système, le reste a été financé par plusieurs levées de fonds organisées dans la Silicon Valley et surtout par les gouvernements polonais, anglais et américains. Mais, plus que tout, la propagande russe semble avoir eu raison de son jugement. « Nous devons négocier. Poutine veut la paix – nous devons négocier avec Poutine[6] », a-t-il déclaré devant Reid Hoffman, un des cofondateurs de PayPal. « Il a avalé ce que Poutine raconte, l'hameçon, la ligne et le plomb… »

Le patron se prend à imaginer dans un coin du café du commerce qu'est Twitter un plan pour « la paix entre Ukraine et Russie[7] ». À savoir : organiser de nouvelles élections dans les régions ukrainiennes annexées par la Russie et s'en tenir aux résultats, accepter que la Crimée rejoigne officiellement la Russie[8] et imposer à l'Ukraine de ne pas intégrer l'Otan. Une analyse 100 % prorusse qui a, sans surprise, été applaudie par le porte-parole du Kremlin et suscité de vives critiques côté Ukrainiens. « Allez-vous

---

6. *Ibid.*

7. Elon Musk, message sur Twitter/X.com, 3 octobre 2022, *https://twitter.com/elonmusk/status/1576969255031296000*.

8. La péninsule a été annexée par la Russie en mars 2014.

faire voi[9]r », a rétorqué un ambassadeur ukrainien. Même Zelensky l'interpelle : « Si vous voulez comprendre ce que la Russie a fait ici, venez en Ukraine et vous verrez tout par vous-même. Et ensuite, vous me direz comment mettre fin à cette guerre, qui l'a déclenchée et quand elle pourra être terminée[10]. » Vexé comme un pou, Musk actionne alors le levier économique de la manière la plus sournoise possible. « Nous ne sommes pas en mesure de faire davantage don de terminaux à l'Ukraine, ni de financer les terminaux existants pour une durée indéterminée[11] », fait ainsi savoir SpaceX dans une lettre au ministère américain de la Défense. L'entreprise glisse au passage sa facture : il en coûtera plus de 400 millions de dollars pour maintenir le système pour une année encore. Comble du cynisme : Starlink en profite pour annoncer une augmentation de prix propre à l'Ukraine, passant le terminal à 700 dollars et l'abonnement mensuel à 75 dollars. À partir là, alors que s'engage un bras de fer diplomatico-financier, les coupures de réseau se multiplient sur le champ de bataille, suggérant un parasitage intentionnel. Des pannes sont rapportées dans les zones de guerre les plus importantes pour l'armée ukrainienne (Kherson, Zaporijia, Kharkiv, Donetsk et Louhansk), tandis que des officiels américains suspectent une limitation volontaire de la géolocalisation dans certaines zones.

---

9. Andrij Melnyk, message sur Twitter/X.com, 3 octobre 2022, *https://twitter.com/MelnykAndrij/status/1576977000178208768*.

10. En visioconférence, lors du sommet DealBook organisé par le *New York Times*, le 30 novembre 2022.

11. Alex Marquardt, CNN, 2022, *https://edition.cnn.com/2022/10/13/politics/elon-musk-spacex-starlink-ukraine/index.html*.

Soupçons justifiés. À cette période, Elon Musk confie à son biographe[12] avoir ordonné de couper Starlink dans toute la zone autour de la Crimée. Son objectif: saboter une contre-offensive de l'armée ukrainienne contre les Russes. Il a appris que Kiev prévoyait d'envoyer six drones sous-marins bourrés d'explosifs contre la flotte russe basée à Sébastopol, en Crimée – le tout téléguidé *via* une connexion Starlink. Et le patron a pris peur: l'ambassadeur de Russie l'avait averti que toute attaque en Crimée serait susceptible de conduire à une riposte nucléaire. Si les Russes servent régulièrement cet argument depuis le début de leur invasion, le magnat y croit et se pense responsable. « Si les attaques ukrainiennes avaient réussi à couler la flotte russe, cela aurait été l'équivalent d'un mini-Pearl Harbor et aurait conduit à une escalade majeure, explique-t-il. Nous ne voulons pas être mêlés à ça. » Celui qui s'enorgueillit d'avoir « d'une certaine façon » plus d'influence que le gouvernement américain préfère une retraite dès que la guerre dépasse le cadre de la seule communication. Comme si Musk découvrait un beau jour que des Ukrainiens et des Russes mouraient dans ce conflit. Affolé, il court téléphoner à l'ambassadeur de Russie pour lui assurer que Starlink n'est et ne sera utilisé en Ukraine qu'à des fins défensives. Et qu'il n'est pour rien dans les contre-attaques ukrainiennes.

Même Dmitri Medvedev, ancien Président russe et vice-président du puissant Conseil de sécurité de Poutine, le félicite: « Il semble que Musk soit le dernier esprit sain en Amérique du Nord. Ou, tout du moins, dans une

12. Walter Isaacson, *op. cit.*

Amérique “sans genre”, c’est le seul qui ait des couilles[13]. » *Sic.* Le Russe encense le Sud-Africain en reprenant – et ce n’est pas un hasard – son propre discours politique anti-woke, comme le signe d’une connivence entre les deux. C’est en tout cas l’analyse de l’un de ses anciens amis de la Mars Society : « Je crains que Poutine n’ait manipulé Musk en suggérant que le risque d’une guerre nucléaire ne l’emporte sur la demande de souveraineté territoriale de l’Ukraine, me dit-il, tout en préférant rester anonyme. Il semble que le Kremlin ait trouvé une solution en faisant appel à l’ego de Musk, en le flattant comme celui qui a “sauvé le monde de la guerre nucléaire”, en le cajolant comme le héros de l’Histoire. »

Reste que, chez les militaires, ukrainiens et américains, c’est la panique : toutes les opérations en Ukraine tiennent à la bonne volonté d’un seul intermédiaire. Et il n’est même pas sous contrat ! Le Pentagone négocie d’arrache-pied avec SpaceX pour s’assurer que le service ne soit pas tout bonnement coupé dans le pays selon l’humeur du docile patron. « Il fallait au moins empêcher Musk de tout éteindre », commente Colin Kahl. L’administration se dit prête à signer un chèque de 145 millions de dollars pour prendre à sa charge les terminaux Starlink utilisés par l’armée ukrainienne. Finalement, à contrecœur, les dents serrées, Musk lâche : « Au diable… Même si Starlink perd toujours de l’argent et que d’autres sociétés reçoivent des milliards de dollars des contribuables, nous continuerons

13. Elon Musk, message sur Twitter/X.com, 7 septembre 2023, *https://twitter.com/MedvedevRussiaE/status/1699830144234394099*.

à financer gratuitement le gouvernement ukrainien[14]. » Gratuitement ? Quelques mois plus tard, le Pentagone annonce la signature d'un accord avec SpaceX pour financer Starlink en Ukraine – pour un montant final non dévoilé.

Autocrates

« Qu'est-ce que je fous dans cette guerre ? » glisse Elon Musk à Walter Isaacson. Manière de dire qu'il a été dépassé par les événements, qu'il a été pris dans un engrenage, mais n'a jamais compté jouer un tel rôle. Las, il s'agit bien d'une posture. Parce que l'homme raffole de ce nouveau costume d'homme d'État. Il ne faut pas être dupe : son implication dans la guerre en Ukraine n'est qu'un exemple marquant de ses tentatives de s'immiscer dans la politique étrangère. D'ailleurs, ne l'a-t-on pas vu être reçu en grande pompe par de nombreux chefs d'État ? En France, le multimilliardaire a eu plusieurs fois les honneurs des ors de l'Élysée, taillant la bavette avec Emmanuel Macron, tandis que ce dernier multipliait les flatteries pour essayer de le convaincre d'installer une usine Tesla dans le pays – sans réussir. Pis, au rayon des courbettes, le ministre de l'Économie, Bruno Le Maire, ou le ministre de la Transition numérique, Jean-Noël Barrot, ont été vus jouer les groupies et partager des selfies avec le patron. Plus que la flagornerie française, Musk aime surtout rencontrer les dirigeants qui partagent ses idées et, pense-t-il, sa poigne : les autocrates.

---

14. Elon Musk, message sur Twitter/X.com, 15 octobre 2022, *https://twitter.com/elonmusk/status/1581345747777179651*.

Tel un gosse collectionnant des images Panini, il aime, depuis quelques années, s'afficher avec tous les despotes et dictateurs que compte la planète. On l'a vu tour à tour avec le Turc Recep Tayyip Erdogan, qui règne sans partage depuis plus de vingt ans, réprimant toute contestation et appliquant une politique ultra-conservatrice ; avec le Brésilien Jair Bolsonaro, alors Président d'extrême droite qui a accéléré la destruction de la forêt amazonienne, multiplie les propos sexistes, racistes et complotistes, n'a jamais caché sa nostalgie pour l'ancienne dictature militaire et est soupçonné de coup d'État ; avec l'Indonésien Joko Widodo, Président conservateur qui punit les relations sexuelles hors mariage ; avec l'Indien Narendra Modi, Premier ministre populiste et xénophobe qui considère les minorités musulmanes ou chrétiennes comme regroupant des citoyens de second rang ; ou encore avec l'Israélien Benyamin Netanyahou, Premier ministre conservateur qui a accéléré l'implantation de nouvelles colonies israéliennes, est poursuivi pour corruption et il est à la manœuvre dans l'annihilation de Gaza après l'attentat du 7 octobre 2023 par le Hamas. Ajoutons à la liste (même s'il n'existe pas de cliché de la rencontre) le Russe Vladimir Poutine, Président ultra-autoritaire qui a multiplié les annexions (Donbass, Crimée), envahi l'Ukraine, est poursuivi pour crimes de guerre et a soutenu le dictateur Bachar al-Assad dans la guerre civile en Syrie. Et, histoire de compléter le tableau, on note que Musk aime brosser dans le sens du poil[15] le Hongrois Viktor

15. Elon Musk, message sur Twitter/X.com où il soutient « absolument » les propos de Viktor Orbán sur la crise migratoire en Europe, 26 septembre 2023, *https://twitter.com/elonmusk/status/1706734591074353447*.

Orbán, Premier ministre populiste et totalement anti-immigration. Ou encore a été l'invité d'honneur, fin 2023, de la fête du parti d'extrême droite italien Fratelli d'Italia, de la Première ministre Giorgia Meloni, en profitant pour entonner une tirade anti-immigration.

Pas d'illusion : les échanges avec ces chefs d'État ne portent pas que sur la livraison de Tesla ou la couverture Starlink, mais bien sur le partage d'une même vision du monde, et pas des plus progressistes. D'autant que Musk n'hésite pas à rendre de petits services à ses amis dictateurs. Par exemple, lors de la dernière élection présidentielle en Turquie où Erdogan apparaissait fragilisé, il a accepté de censurer ses opposants politiques juste avant le vote. « L'ingérence des oligarques et d'autres intérêts financiers dans le sort des nations n'est pas nouvelle, résume le journaliste Ronan Farrow. Mais l'influence de Musk est plus effrontée et plus vaste. Il existe peu de précédents pour qu'un civil devienne l'arbitre d'une guerre entre nations [Ukraine et Russie], ou pour que les États-Unis dépendent autant d'un seul entrepreneur dans une variété de domaines, de l'énergie et les transports à l'exploration spatiale. […] Plusieurs responsables de la NASA, du ministère de la Défense, du ministère des Transports et de l'Aviation civile le traitent comme une sorte de fonctionnaire non élu[16]. » Mais ce fonctionnaire ne perd pas le sens des affaires. Après son implication en Ukraine, SpaceX a – très discrètement – lancé une nouvelle offre commerciale intitulée « Starshield » (« bouclier satellitaire »). L'idée : proposer aux États une connexion internet

16. Ronan Farrow, « Elon Musk's Shadow Rule », *The New Yorker*, 2023, https://www.newyorker.com/magazine/2023/08/28/elon-musks-shadow-rule.

par satellite, sur le modèle de Starlink, mais uniquement à des fins militaires. Un produit déjà vendu aux États-Unis, et qui pourrait être déployé en Ukraine, moyennant finances.

Derrière la diplomatie muskienne, il y a bien souvent ce calcul pécuniaire. Taïwan en est un parfait exemple. Régulièrement, le patron aime répéter que l'île, sur laquelle lorgne la Chine, doit conclure un accord « raisonnablement acceptable[17] » avec Pékin pour devenir une « zone administrative spéciale » sur le modèle de Hong Kong et Macao. Sauf que cette logique épouse uniquement… le regard chinois sur la situation. « Musk ne connaît vraiment pas grand-chose de Taïwan et il ne comprend pas non plus les relations entre les deux rives du détroit », a tancé le Premier ministre Su Tseng-chang, plus haut responsable de l'île. Encore plus cash, un porte-parole du ministère des Affaires étrangères a déclaré devant la presse : « Si ses commentaires sont influencés par ses intérêts commerciaux, de tels commentaires ne méritent pas d'être pris au sérieux et celui qui les prononce ne mérite pas le respect. Nous ne savons pas si le libre arbitre de M. Musk est à vendre, mais Taïwan n'est pas à vendre ! »

Le patron de Tesla, qui dispose d'une immense usine à Shanghai, a plusieurs fois eu droit au tapis rouge chinois. « Il est apparemment le seul Américain bienvenu en Chine », notait alors un internaute chinois sur le réseau social Weibo. Et pour cause : l'énorme marché chinois suscite sa convoitise – le premier marché mondial pour la voiture électrique, évalue-t-il, où Tesla réalise déjà un quart de ses ventes. Et le magnat envisage d'y étendre

17. Roula Khalaf, « Elon Musk : "Aren't you entertained ?" », *Financial Times*, 2022, https://www.ft.com/content/5ef14997-982e-4f03-8548-b5d67202623a.

un peu plus ses activités, notamment dans la production de batteries, sous l'œil bienveillant du Parti communiste. D'autant que « camarade Elon » se prête parfaitement au jeu de l'hypocrisie. Le naguère chantre de la liberté d'expression ne fait ainsi pas de vague lorsqu'il rencontre les officiels chinois, les mêmes qui interdisent tout accès à son Twitter chéri. Pis, il signe une tribune sur les innovations à venir dans le magazine officiel de l'administration chinoise de régulation de l'internet – le censeur en chef à Pékin. « *Business is business* », rétorqueront les patrons libéraux. Mais ce n'est pas du goût de tous, les relations de la Chine étant plus que tendues avec les Américains. « La coopération d'Elon Musk avec d'autres pays mérite d'être examinée », a soigneusement glissé le Président américain Joe Biden. De son côté, la présidente de la Commission européenne, Ursula von der Leyen, a diligenté une enquête sur les voitures Tesla produites en Chine et revendues en Europe. Enfin, les investisseurs à Wall Street guettent toute évolution sur ce dossier, n'hésitant pas à abandonner leurs stocks d'actions Tesla à la moindre évocation du volet chinois.

Ce subtil jeu d'équilibre entre intérêts économiques et géopolitiques, Elon Musk y prend goût. En plus de la Chine, c'est avec les monarchies du Golfe qu'il aime flirter. Le rachat de Twitter a permis ainsi de voir que le patron accepte sans condition l'argent de l'Arabie Saoudite et du Qatar. Au pot des 44 milliards de dollars nécessaires pour boucler le deal, il a pu compter sur 375 millions de dollars de la part du fonds souverain du Qatar – opportunément juste avant la Coupe du monde de football, où Musk s'est affiché en compagnie de Jared Kushner, le gendre de Donald Trump –, et sur 1,9 milliard de dollars du prince saoudien Al-Walid ben Talal al-Saoud (qui détenait déjà 34 948 millions d'actions Twitter, et s'impose comme le deuxième plus gros actionnaire du réseau social). Ce petit-fils du fondateur de l'Arabie Saoudite, surnommé le « Warren Buffett du Moyen-Orient », est l'un des partisans des réformes de modernisation engagées par le royaume, et s'affiche comme soutien du prince héritier Mohammed ben Salmane. Ce dernier, autoritaire dirigeant, est notamment accusé d'avoir commandité l'assassinat du journaliste américain Jamal Khashoggi et de traquer tous ses opposants sur les réseaux sociaux (il est allé jusqu'à infiltrer une taupe au sein de Twitter pour espionner certains dissidents[18]). Qu'importe que ces deux pays disposent de lois arbitraires encadrant la liberté d'expression, conduisant régulièrement des opposants en prison. Qu'importe qu'un enseignant saoudien à la retraite ait été condamné à mort pour avoir dénoncé justement sur Twitter les violations des droits humains en Arabie Saoudite. Pour le magnat, l'argent n'a pas d'odeur. Preuve de cette proximité, il a précisé que lorsqu'il évoquait un retrait de la Bourse de Tesla en 2018, le fonds souverain d'Arabie Saoudite « voulait sans équivoque soutenir cette privatisation » et participer financièrement[19]. Pas de quoi

---

18. Katie Benner, Mark Mazzetti, Ben Hubbard et Mike Isaac, *New York Times*, 2018, *https://www.nytimes.com/2018/10/20/us/politics/saudi-image-campaign-twitter.html*.
19. Le fonds tempérait alors, disant qu'il s'agissait seulement de pourparlers, rapporte Bloomberg, *https://www.bloomberg.com/news/articles/2018-08-12/saudi-fund-is-said-to-be-in-talks-to-invest-in-tesla-buyout-deal*. Lors du procès d'Elon Musk sur cette privatisation manquée, ont été publiés des échanges entre le patron et le directeur du fonds souverain saoudien, Yasir al-Rumayyan, où il lui dit : « Je suis votre ami. »

rassurer les observateurs américains. Aux États-Unis, le sénateur démocrate Chris Murphy réclame l'ouverture d'une enquête afin d'établir si ces connexions commerciales peuvent permettre à « l'Arabie Saoudite d'exercer une influence sur une plate-forme importante de communication politique comme Twitter ». Karen Kornbluh, directrice du *think tank* German Marshall Fund et ancienne conseillère de Barack Obama, résume l'intenable équation : « La technologie est devenue centrale en géopolitique. C'est fascinant et c'est compliqué. Et il y a Elon Musk au milieu de tout ça[20]. »

20. Cade Metz, Adam Satariano et Chang Che, *New York Times*, 2022, *https://www.nytimes.com/2022/10/26/technology/elon-musk-geopolitics-china-ukraine.html*.

Le faux écolo

« Je suis très proenvironnement, mais je suis partisan de résoudre les problèmes avec de meilleurs produits, plutôt que par la privation. »

Elon Musk à *Newsweek*, 2007

L'*hubris* d'Elon Musk tend aussi à exprimer son syndrome du sauveur. Et le plus marquant est peut-être son discours à l'égard du réchauffement climatique. Il ne perd pas une occasion pour se présenter comme celui qui « fait le plus pour répondre au changement climatique », entre son investissement dans les panneaux photovoltaïques SolarCity et le succès de Tesla. « Tesla est là pour protéger la vie sur Terre[1] », proclame-t-il sans aucune mesure.

Sauf qu'il ne voit pas la paille dans son œil, ne serait-ce que parce qu'il est un grand adepte du jet privé. Rien qu'en 2022, d'après les données recueillies[2] par Jack Sweeney, il

1. Elon Musk, message sur Twitter/X.com, 15 juillet 2022, *https://twitter.com/elonmusk/status/1547927887734456322*.
2. Le bilan 2022 du jet privé d'Elon Musk est disponible sur son site *https://grndcntrl.net/falconlanding/wrapped22*.

a émis 1,9 milliard de tonnes de CO_2, soit une pollution plus de trois fois plus importante que celle de toute la France[3] ! Rien qu'avec les cent trente-quatre vols de son jet, il pèse sur les émissions de gaz à effet de serre deux cent treize fois plus qu'un Français moyen. Il faut dire qu'Elon Musk est tellement accro à son avion qu'il n'hésite pas à l'utiliser pour des sauts de puce ridicules, à l'image, le 28 décembre 2022, d'un vol de 16 minutes pour relier les aéroports de Los Angeles et de Long Beach, distants de 34 kilomètres – un trajet qui dure une vingtaine de minutes en voiture. Pis, le lendemain, son avion a décollé de Long Beach pour y atterrir de nouveau 6 minutes plus tard. A-t-il oublié quelque chose ou s'agissait-il pour le pilote de valider son nombre de vols requis par an au mépris du climat ? Reste que toutes ces informations sur les déplacements de son jet privé ne sont clairement pas du goût d'Elon Musk, qui enrage contre son auteur, Jack Sweeney, 20 ans, étudiant en informatique, à l'université d'Orlando. « Oui, Elon Musk n'aime vraiment pas ça », me dit ce dernier. D'ailleurs, à peine Twitter racheté, le nouveau patron s'est empressé de faire bloquer le compte de Sweeney, qui disait pourtant être, à l'origine, « fan d'Elon sur Twitter ».

L'étudiant me raconte sa démarche : « Ça a été une conjugaison de choses. Je m'y connais un peu en programmation informatique et en suivi des vols aériens. J'avais appris qu'Elon a un jet privé. Aussi, durant la pandémie de Covid-19, alors que j'avais beaucoup de temps libre,

3. Le ministère de la Transition écologique estime l'empreinte carbone de la France en 2021 à 604 millions de tonnes équivalent CO_2 (Mt CO_2eq). Soit, une empreinte carbone par habitant estimée à 8,9 t CO_2eq, *https://www.vie-publique.fr/en-bref/287060-empreinte-carbone-francaise-une-diminution-de-9-depuis-1995.*

j'ai développé un petit outil pour suivre automatiquement ses déplacements en jet. » Jusque-là, rien de grave, sauf que Musk l'a appris. « Il m'a écrit pour me demander de vérifier si je n'étais pas en infraction avec les règles de sécurité. Il n'avait pas l'air de vraiment savoir comment ça fonctionne. Puis il m'a proposé 5 000 dollars pour arrêter. J'ai refusé, et je l'ai provoqué en demandant 50 000 dollars. La conversation s'est arrêtée là… À l'origine, c'était plus un défi technique qu'un objectif militant pour le climat. Mais quand j'ai pris conscience des données et de l'impact environnemental qu'ont les jets privés, alors oui, je me suis dit que c'était un bon moyen d'afficher la pollution des détenteurs de jets. » Et Elon Musk fait partie des plus mauvais élèves de la planète.

Greenwashing

Il est certes à mettre au crédit de Musk d'avoir su promouvoir Tesla au point de pousser tous les autres constructeurs à se mettre réellement aux voitures électriques. « C'est certain que le succès de Tesla a donné un coup d'accélérateur à la demande de voitures électriques, pointe Tom Adams, vice-président pour l'Europe du géant du pneu Bridgestone. Musk a révolutionné l'industrie de fabrication automobile et a obligé toute l'industrie à suivre. Et c'est une bonne nouvelle pour la planète ! » Un œil sur les ventes permet de le confirmer. En France, seules 5 663 nouvelles voitures électriques étaient immatriculées pour toute l'année 2012 (et encore, il s'agissait surtout des BlueCar de Bolloré utilisées pour le service d'autopartage Autolib').

Dix ans plus tard, il s'en écoule trente-neuf fois plus ! En 2022, 219 755 voitures électriques neuves ont été vendues, pour un parc total d'1,1 million de véhicules électriques et hybride dans l'Hexagone. Un bond en avant, tiré d'abord par Tesla, qui s'est imposé comme le plus gros vendeur de voitures électriques jusqu'en 2020 (grâce à ses Model 3 et Y, qui représentent 96 % des ventes), avant de se voir ravir la place au profit de Stellantis (Peugeot) et Renault (Dacia).

Si les débuts de Tesla ont fait l'objet de moqueries dans les couloirs des constructeurs traditionnels, ses modèles ont su susciter l'envie pour la voiture électrique, par leur allure élégante et leurs performances. Les (riches) conducteurs souhaitant s'acheter une bonne conscience écologique se sont multipliés, d'abord en Californie, puis partout dans le monde. Les amateurs de sportives ont opté peu à peu pour le « zéro-émission », attirés aussi, il faut le dire, par toutes les promesses technologiques embarquées dans le véhicule. C'est d'ailleurs ce qui marque le plus lorsque l'on s'installe la première fois dans une Tesla : tout le tableau de bord est remplacé par d'immenses écrans. La voiture de sport semble avoir un temps d'avance sur la concurrence. Mais si les bolides impressionnent, c'est aussi par leurs performances, actuelles et futures. Parce que Tesla a changé ce paradigme : rien n'est figé dans le temps. Hyperconnectée, la voiture devient un produit numérique jamais vraiment fini, qui peut toujours être amélioré, corrigé, perfectionné. Une mise à jour du système, et hop, il est possible de regarder Netflix sur son tableau de bord, de disposer d'une nouvelle alarme, d'améliorer l'autonomie de la batterie, etc. « La voiture devient une plateforme, qui lie en permanence le constructeur et le client, m'explique le consultant Michael Valentin. C'est vraiment Musk qui a imposé cette philosophie. » Pour Tesla, il s'agit là d'un bon moyen de promouvoir des nouveautés récurrentes, afin d'obtenir des relais médiatiques bien plus fréquents que les constructeurs qui se contentent de sortir de nouveaux modèles – en somme, la même stratégie que Google ou Apple avec leurs systèmes pour smartphones.

Si ce principe d'amélioration par la mise à jour se révèle nouveau pour l'industrie automobile, il se voit parfois dévoyé par un certain… Elon Musk. Le patron ne s'encombre en effet d'aucune vérification dès qu'il a une idée en tête, renvoyant systématiquement à plus tard, à la mise à jour suivante, la correction des ratés enregistrés lors du lancement. Un exemple de cette mégalomanie imprudente : « À la fin du printemps 2012, quinze jours avant la livraison des premières Model S, Elon vient me voir et me dit : "On va changer les pneus arrière, et passer de 265 mm à 235 mm [de largeur]." La raison ? Selon lui, c'était plus joli, raconte dépité un ancien haut cadre du constructeur. Mais lorsque vous changez la taille des pneus, cela joue sur la tenue de route, le freinage, la suspension[4]… » Hors de question de discuter les ordres du grand manitou. Sauf que ce changement de pneus a rendu le système d'antipatinage inopérant pour les premières Model S vendues – alors même qu'il est obligatoire pour toutes les voitures neuves vendues en France. Il a fallu patienter plusieurs mois, et une mise à jour des réglages du système, pour qu'il soit à nouveau pleinement opérationnel. Et tant pis pour la sécurité des consommateurs.

4. Béatrice Mathieu et Emmanuel Botta, *Elon Musk*, Robert Laffont, 2023.

Ce n'est pas la seule fois que Tesla s'est empêtré dans les mensonges de son patron. Si la marque a d'abord su convaincre les (très) riches conducteurs d'opter pour le « zéro-émission », l'automobiliste « moyen » a besoin de se rassurer lors de son saut vers le véhicule électrique. Et l'argument premier, avant même la désirabilité de la voiture, c'est bien l'autonomie. Sur ce point, Tesla s'est fait un point d'honneur à systématiquement s'imposer dans le haut du panier. Sa Model 3 est ainsi vendue avec 513 kilomètres d'autonomie au compteur, dans sa version la plus abordable. Mais, en petits caractères, on aperçoit une précaution juridique de mise : « L'autonomie réelle peut varier en fonction de facteurs tels que la vitesse, les conditions météorologiques et le changement d'altitude. » Il faudrait ajouter « en fonction aussi du donneur d'ordres ». Parce que Musk a volontairement truqué l'autonomie de ses véhicules. « Elon voulait afficher de bons chiffres d'autonomie lorsqu'il est complètement chargé. Lorsque vous achetez une voiture chez le concessionnaire et que vous voyez une autonomie de 513 ou 629 kilomètres, cela vous rassure[5] », explique une source chez le constructeur à l'agence Reuters. Concrètement, le véhicule tend à surestimer son autonomie.

D'après les données[6] du site spécialisé en analyse de voitures électriques Recurrent, l'autonomie réelle de la Model 3 se situe entre 273 et 498 kilomètres, pour les versions les plus récentes. Pis, le site souligne que pour

5. Steve Stecklow et Norihiko Shirouzu, Reuters, 2023, *https://www.reuters.com/investigates/special-report/tesla-batteries-range*.
6. Analyse réalisée sur plus de trois mille Model 3 de Tesla, le 1er août 2022, *https://www.recurrentauto.com/research/used-model-3-range*.

toutes les Tesla analysées, le compteur de batterie ne fait pas varier ses estimations selon les conditions météo – les températures extérieures, chaudes comme froides, ont un impact sur les batteries. D'ailleurs, sur ce point, les régulateurs sud-coréens ont condamné Tesla à 2,1 millions de dollars d'amende pour ne pas avoir averti que des températures fraîches pouvaient réduire de moitié l'autonomie. Musk et le dirigeant local de Tesla ont dû reconnaître avoir publié « des publicités fausses, exagérées et trompeuses ». À tel point que, d'après Reuters, la marque dispose d'une équipe de conseillers dédiés aux réclamations liées à l'autonomie – l'« équipe diversion » – dont le rôle est d'empêcher les clients mécontents d'obtenir des rendez-vous pour analyser les batteries et de classer un maximum de dossiers, afin d'améliorer les statistiques du constructeur.

On peut aussi pointer la tromperie sur « l'échange de batterie ». En 2013, lors d'une conférence, Elon Musk promeut un nouveau concept de « stations Tesla » où les conducteurs de Model S pourront obtenir « un remplacement rapide de la batterie, en échangeant [sa] batterie contre une complètement chargée en moins de la moitié du temps nécessaire pour remplir un réservoir d'essence ». Le tout appuyé par une démonstration *live*[7]. L'option n'a jamais été proposée et ne le sera pas. Tout simplement parce que le changement de batterie s'avère particulièrement complexe sur une Tesla. Pire : la marque aurait volontairement conçu ses batteries comme « totalement

7. Toujours visible sur le site de Tesla, *https://www.tesla.com/videos/battery-swap-event*.

impossibles à réparer[8] », d'après plusieurs experts interrogés par l'agence Reuters. Dans une industrie du véhicule électrique où la batterie représente près de la moitié du prix, le moindre accident même minime impose un changement quasi systématique de la batterie, et nombre d'utilisateurs préfèrent alors changer de véhicule.

Désastre écologique

Demeure l'argument phare, inébranlable : « Tesla accélère la transition mondiale vers une énergie durable en proposant des véhicules électriques. » Sauf que ces voitures sont loin d'être une panacée écologique. Si le constructeur roule des mécaniques, disant « faire ce qui est juste » en publiant son rapport d'impact, il admet du bout des lèvres que sa production a bien des répercussions. Il faut ainsi bien fureter pour relever que la firme évalue à 18 Mt CO_2e (mégatonnes en équivalent de CO_2) les émissions réalisées pour l'élaboration d'une seule de ses voitures. Sachant qu'elle en a « produit et livré plus d'1,3 million en 2022 », la facture grimpe à plus de 235 Gt CO_2e par an – soit plus que l'ensemble des émissions de l'Espagne, à 232 Gt CO_2e (la France est à 404 Gt CO_2e). Soit. Mais Tesla argue que, « sur la durée », ses véhicules émettent moins que les concurrents thermiques, essayant de démontrer que, « après dix-sept années de conduite, une Tesla permet d'éviter l'émission de presque 55 tonnes de CO_2e ». Et

8. Nick Carey, Paul Lienert et Sarah McFarlane, Reuters, 2023, *https://www.reuters.com/business/autos-transportation/scratched-ev-battery-your-insurer-may-have-junk-whole-car-2023-03-20.*

la marque de s'engager : « Notre but est de rendre toutes nos usines neutres en carbone », sans toutefois indiquer la date de réalisation espérée… En attendant, en 2022, ses manufactures ont émis 610 Gt CO_2e – soit plus que le groupe Renault (à 606 Gt CO_2e), qui a livré deux fois plus de véhicules cette année-là, certes pas tous électriques. L'Américain fait toutefois bien mieux que le Français sur sa consommation d'eau : seulement 2,6 mètres cubes d'eau sont consommés par véhicule produit, contre 4,7 mètres cubes chez Renault. Mais il ne faut pas prendre Tesla pour le meilleur élève, puisque BMW caracole en tête avec seulement 1,9 mètres cubes d'eau consommé par voiture.

L'un des points qui plombent mécaniquement Tesla, c'est sa production de batteries. Produire émet des gaz à effet de serre par l'énergie consommée. Mais la marque consomme aussi une grande quantité de métaux (lithium, nickel, cobalt, cuivre, aluminium, graphite, manganèse, minerai de fer et phosphore) pour créer ses batteries, cœur de ses automobiles. Or peu importe combien le constructeur assure se fournir « directement auprès de mines et de raffineurs », cette chaîne logistique pèse pour 30 à 50 % des émissions causées pour la production de ses véhicules. Et à ce poids environnemental, il faut ajouter le fardeau social : les conditions de travail s'avèrent déplorables dans les mines. En particulier en République démocratique du Congo (RDC), premier fournisseur mondial de cobalt, où Tesla se fournit. Si l'Américain assure « s'aligner avec les meilleures pratiques de l'industrie », brocardant moult labels et promettant de « combattre le travail forcé », la réalité se révèle tout autre en RDC, où le travail des enfants est la norme dans les mines. « En 2022, la RDC n'a fait aucun effort pour s'attaquer aux pires formes du travail des enfants », déplore par exemple un rapport du ministère américain du Travail sur le sujet. Le ministère évalue à trentr-cinq mille le nombre d'enfants parmi les deux cent cinquante-cinq mille mineurs de RDC, qui ramassent le cobalt à mains nues. « C'est une activité très dangereuse, car les pentes du terril peuvent s'effondrer à tout moment – des enfants meurent fréquemment ensevelis sous des éboulements, raconte Dorcas Musinga, 51 ans, mère de famille élevant seule ses quinze enfants dans un bidonville du centre-ville de Kolwezi. Tous mes enfants viennent creuser avec moi, sauf le petit dernier, Patrick, âgé de 4 ans. Il pourra commencer d'ici deux ans[9]. » *Sic*. Rappelons qu'une trop forte exposition au cobalt est toxique, le métal se voyant classé comme cancérogène possible, avec des répercussions potentielles mais mal connues sur le cœur, les poumons et les fœtus. Siddharth Kara, auteur d'un livre[10] saisissant sur le sujet, résume : « Les enfants travaillent douze heures par jour, certains pour seulement 2 dollars quotidiens, creusant et transportant des sacs de roches riches en cobalt, sans protection, participant à la course chaotique pour ce produit extrêmement précieux. »

Bien sûr, cette problématique touche tous les constructeurs, et plus largement tous les producteurs d'appareils électroniques. Néanmoins, plusieurs initiatives sont menées pour tenter de réguler le secteur et améliorer

9. Théophile Simon, *Amnesty International*, 2023, *https://www.amnesty.fr/actualites/republique-democratique-du-congo-enfants-cobalt-face-cachee-de-nos-batterie*.
10. Siddharth Kara, *Cobalt Red: How the Blood of the Congo Powers Our Lives*, St. Martin's Press, 2023, non traduit.

des conditions de travail déplorables. Plusieurs constructeurs automobiles, notamment les Allemands BMW et Volkswagen, se sont associés au géant minier Trafigura et à l'Entreprise générale du cobalt, une émanation de l'État congolais, pour une meilleure extraction. Initiative dont est absente Tesla, qui a préféré s'engager à acheter 6000 tonnes de cobalt par an au géant minier concurrent Glencore (soit un quart de la mine, l'équivalent de 4% de la production mondiale). Sauf que se cacher derrière un grand nom, pour affirmer ensuite lutter contre les mauvaises conditions et le travail des enfants, ne suffit pas. C'est ce qu'explique Dorothée Baumann-Pauly, spécialiste de l'éthique des affaires, directrice du Geneva Center for Business and Human Rights, et qui a visité plusieurs mines de cobalt en RDC : « Il n'est pas crédible pour une entreprise d'affirmer qu'elle limite ses achats au cobalt produit dans les grands sites miniers industriels, puisque la production est systématiquement combinée aux exploitations minières artisanales [dites « ASM », bien moins réglementées]. Seules des normes bien définies et un suivi adéquat rendront les entreprises confiantes dans le fait que l'approvisionnement en cobalt peut être intégré dans leurs stratégies globales d'approvisionnement responsable. »

Problème de modèle

Sur le sujet, Elon Musk se montre bien peu disert. Tout juste a-t-il joué les cyniques lors d'une assemblée générale avec les actionnaires Tesla : « Vous savez quoi, nous ferons un audit. Et nous installerons des caméras dans les mines. Si quelqu'un voit un enfant, qu'il nous en informe[11] ! » Et le patron de balayer le sujet d'un revers de la main, promettant que sa firme se concentre sur des batteries sans cobalt (*via* une association lithium-fer-phosphate), évitant soigneusement de mentionner son deal avec Glencore. « C'est de l'hypocrisie de la part de ces multinationales, réagit Richard Ilunga, responsable à l'ONG Afrewatch, depuis Kolwezi (RDC), où Glencore dispose d'une immense mine. Elles veulent utiliser le cobalt pour développer les énergies vertes afin de moins polluer en Occident, afin de préserver la vie au nord, et pour ça sont prêtes à sacrifier la vie au sud dans l'extraction du cobalt. » Et cette problématique du cobalt peut s'appliquer à d'autres métaux rares. Le site spécialisé Reporterre alerte par exemple sur « l'énorme pollution minière[12] » des exploitations de lithium, en particulier sur le site d'Atacama, au Chili, où « les miniers prélèvent près de 200 millions de litres d'eau par jour. Le pompage de la saumure du sous-sol riche en lithium crée un vide qui fait migrer vers les profondeurs l'eau douce disponible [ce qui abaisse] le niveau de la nappe phréatique, assèche le sol et la végétation au détriment des animaux, des cultures et des gens. »

Tout n'est pas à jeter dans la voiture électrique. Simplement, il faut bien appréhender le modèle. L'Ademe, l'agence de la transition écologique rattachée au ministère du même nom, a publié une note explicite : « Sur l'ensemble

11. Elon Musk, assemblée générale avec les actionnaires Tesla, 2023, *https://www.youtube.com/watch?v=bZNL_8bUz6A*.
12. Celia Izoard, Reporterre, 2020, *https://reporterre.net/La-voiture-electrique-cause-une-enorme-pollution-miniere*.

de sa durée de vie, une voiture électrique roulant en France a un impact carbone deux à trois fois inférieur à celui d'un modèle similaire thermique, à condition que sa batterie soit de capacité raisonnable (moins de 60 kWh). Avec une batterie de taille supérieure, l'intérêt environnemental n'est pas garanti. […] L'impact carbone d'un véhicule électrique augmente quasiment proportionnellement à son poids, lui-même fortement impacté par la capacité de stockage de sa batterie. Il convient donc de choisir […] un modèle de véhicule le plus petit et léger possible[13]. »
C'est là où Tesla pêche. Tous ses modèles sont dotés de batteries de plus de 60 kWh et, par extension, affichent des poids allant d'1,7 tonne à 2,4 tonnes pour son SUV. De grosses voitures, lourdes, qui se traduisent par une consommation accrue de métaux rares pour les batteries, plus d'énergie lors de la production, et même une plus grande émission de particules fines lors des freinages (plus la voiture est lourde, plus les pneus s'usent et… polluent !). Aussi, le modèle même du constructeur n'est pas écologiquement vertueux. « Répliquer le modèle d'utilisation du véhicule thermique sur le véhicule électrique ne suffit pas, tranche l'Ademe. Le déploiement de véhicules à forte autonomie (plus lourds) associé à des bornes de recharges à haute puissance pose de nombreuses questions : impact carbone, prix de l'énergie et des véhicules non accessibles à la majorité des ménages, renforcement du réseau électrique… »

13. Disponible sur le site de l'Ademe, 2022, *https://presse.ademe.fr/2022/10/mondial-de-lautomobile-lademe-publie-son-avis-sur-le-vehicule-electrique-une-batterie-de-taille-raisonnable-assure-une-pertinence-climatique-et-economique.html.*

C'est exactement ce que prône Côme Drescher, directeur d'Estrima, constructeur italien qui produit un quadricycle électrique prénommé Birò. « On peut reconnaître à Tesla d'avoir bousculé le marché et entraîné tous les grands constructeurs vers l'électrique, me dit-il. Mais Tesla n'a pas répondu à la problématique principale de la mobilité urbaine : il faut des véhicules plus petits et maniables. » Alain Visser, ancien de General Motors, Opel et Volvo, désormais patron de Lynk & Co, qui propose des véhicules sur abonnement, partage l'analyse. Et me commente : « Le problème de Tesla est que Musk est resté sur le même modèle de consommation qui consiste à vendre toujours plus de voitures, alors que c'est ça qu'il faut réinventer ! Une voiture reste garée 95 % du temps, c'est ça la première pollution, et il est possible d'envisager de nouveaux modèles. » Qu'en pense Musk ? Celui qui ne cesse de clamer que « Tesla fait plus pour l'environnement que n'importe quelle autre entreprise » ne semble pas s'encombrer de détails sur la réalité de l'impact écologique de sa production et de son modèle.

Je-m'en-foutiste

Une histoire illustre bien le je-m'en-foutisme d'Elon Musk. En 2012, peu avant la sortie de la Model S, le grand patron appelle directement le P.-D.G. de Michelin, Florent Menegaux, pour lui acheter quantité de pneus. Sauf que le fabricant français n'a pas les stocks nécessaires et décline. Lors du lancement de la voiture, Menegaux découvre qu'elle est bien équipée de pneus Michelin, que Musk a commandés directement sur internet, mais qu'il ne s'est pas encombré à les adapter à la puissance du bolide. Ces fameux pneus s'usent bien plus rapidement que prévu. Une usure loin d'être anodine puisqu'elle se traduit par l'émission de nombreuses particules fines (hydrocarbures polyaromatiques, benzothiazoles, isoprène, zinc, plomb…). En 2022, une étude du laboratoire anglais Emission Analytics a conclu que la pollution liée aux pneus est 1 850 fois plus importante que celle liée aux émissions de gaz d'échappement, et se voit « exacerbée par la popularité croissante des véhicules lourds ». Les Britanniques ont d'ailleurs comparé la Model Y à son équivalent chez Kia (la Niro), mesurant bien plus d'émissions de particules fines chez Tesla et une usure des pneus accrue.

Pas de quoi faire sourciller Elon Musk. Et à ce désintérêt, il faut ajouter les (mauvaises) pratiques internes de Tesla. Vingt-cinq comtés de Californie ont porté plainte contre le constructeur début 2024 pour sa mauvaise gestion de… ses déchets. Tesla est ainsi accusé d'expédier des batteries usagées, du liquide de frein, de l'antigel, du diesel ou de la peinture dans des décharges pas du tout équipées pour traiter ces déchets potentiellement dangereux. Ces violations – passibles d'amende jusqu'à 70 000 dollars par infraction et par jour d'exposition – auraient été constatées dans cent une installations Tesla. On note qu'il s'agit de la troisième fois que le fabricant est épinglé pour ses déchets : en 2019, il avait accepté de régler 31 000 dollars d'amende pour la mauvaise gestion de ses déchets dans l'usine de Fremont ; et en 2022, de payer une pénalité de 275 000 dollars pour sa pollution atmosphérique liée aux opérations de peinture, toujours à Fremont.

Pour l'exemplarité, on repassera. Mais jamais cela ne gêne le puissant patron. Pas plus que l'impact de ses engins SpaceX. Pourtant, avec plus de deux cent soixante-dix fusées lancées et un programme 2024 qui s'annonce intense, la course à l'espace n'est pas sans conséquences climatiques. Une étude de l'Agence américaine d'observation océanique et atmosphérique (NOAA) explique que les moteurs contiennent du carbone noir (de la suie), qui se voit projeté directement dans la stratosphère lors du décollage, et abîme alors la couche d'ozone qui protège la vie sur Terre des effets nocifs des rayons ultraviolets du Soleil. « La multiplication par dix des lancements [prévus] au cours des deux prochaines décennies [va] endommager la couche d'ozone et modifier l'atmosphère », alerte l'agence. « L'augmentation prévue du nombre de lancements de fusées pourrait exposer les habitants de l'hémisphère Nord à une augmentation des rayons UV nocifs », prévient Christopher Maloney du laboratoire de la NOAA. Une broutille pour SpaceX. La société a en revanche été rappelée à l'ordre après l'explosion au décollage de son énorme fusée Starship. « Le site de lancement se trouve à côté d'un habitat privilégié pour des espèces protégées et des oiseaux migrateurs. La fusée, [qui] a explosé le 20 avril, [a] inondé les environs de particules[14] », ont critiqué plusieurs associations locales, avant de déposer un recours en justice auprès de l'Administration fédérale de l'aviation (FAA). Si l'enquête a finalement été classée, la FAA a sommé SpaceX de prendre soixante-trois mesures pour mieux protéger l'environnement local.

---

14. Dans une communication, le 1er mai 2023, *https://biologicaldiversity.org/w/news/press-releases/lawsuit-aims-to-protect-texas-wildlife-habitat-beach-access-from-more-exploding-rockets-2023-05-01.*

Philanthrope intéressé

Alors, Elon Musk, insensible au réchauffement climatique ? Pas tout à fait. Lorsqu'il intervient face à son ami Joe Rogan, le podcaster qui colporte volontiers de la désinformation sur le changement climatique, il ne dévie pas : « Je ne connais aucun scientifique sérieux, littéralement aucun, qui ne pense pas que nous sommes confrontés à un risque climatique assez sérieux. [Et cela] se produit avec toutes les énergies fossiles que nous brûlons, dans les centrales électriques, les avions, les voitures, et franchement même les fusées. [...] Juste, vous savez, les fusées, il n'y a malheureusement pas d'autre moyen de se mettre en orbite. Mais avec les voitures, il existe certainement une meilleure solution avec les voitures électriques. Et pour générer de l'énergie, faites-le avec le photovoltaïque[15]. » Si l'on peut déplorer que son côté VRP prenne le pas sur son argumentaire, il apparaît visiblement ému face à l'animateur spécialiste d'intox. Sauf que le même n'hésite pas, quelques années plus tard, à minimiser le rôle de l'être humain dans le réchauffement climatique. Et à effacer tous les beaux discours en un message sur Twitter : « Il est important de noter que ce qui se passe à la surface de la Terre (par exemple l'agriculture) n'a pas d'impact significatif sur le changement climatique. Le risque de changement climatique est essentiellement dû au déplacement de milliards de tonnes de carbone des profondeurs de la terre vers

15. Elon MUSK, Joe Rogan Experience, 2018, *https://www.youtube.com/watch?v=ycPr5-27vSI.*

l'atmosphère[16]. » Si le changement d'affectation des sols est bien responsable d'émissions de CO_2, cela s'avère infime (environ 10 % par an) face à la consommation d'énergies fossiles. L'agroclimatologue Serge Zaka lui a rétorqué : « C'est complètement faux. L'agriculture et le changement d'attribution des terres (déforestation, urbanisation, etc.), c'est environ 25 % des émissions de gaz à effet de serre cumulées depuis 1750. Les sols agricoles/écosystèmes sont le principal levier de stockage de carbone par la photosynthèse[17]. »

Ce revirement dans la position de Musk laisse à penser qu'il se contre-fiche du climat, n'y voyant qu'un argument commercial pour ses produits, plutôt qu'un réel engagement. D'ailleurs, il ne mobilise pas ses ressources pour lutter contre le réchauffement climatique. Du moins pas de manière publique. En bon milliardaire américain, il dispose bien d'une fondation à visée philanthropique, la Musk Foundation. Créée en 2001, elle accorde des bourses et des aides dans cinq domaines : les énergies renouvelables, l'exploration spatiale, la recherche pédiatrique, l'éducation et le développement d'une intelligence artificielle « saine ». Il peut sembler étonnant que l'homme qui tweete plus vite que son ombre n'ait pas jugé opportun de s'offrir la publicité qui va avec la philanthropie. L'explication s'avère triviale : parce que son engagement n'est jamais désintéressé, comme le révèle le *Guardian*[18] qui

16. Elon Musk, message sur Twitter/X.com, 25 juin 2023, *https://twitter.com/elonmusk/status/1672793968587702272*.
17. Serge Zaka, message sur Twitter/X.com, 25 juin 2023, *https://twitter.com/SergeZaka/status/1672950954671448065*.
18. Mark Harris, *The Guardian*, 2019, *https://www.theguardian.com/technology/2019/jan/23/how-elon-musks-secretive-foundation-benefits-his-own-family*.

a passé au crible les 54 millions de dollars distribués en quinze ans. En 2010, il fait un don de 183 000 dollars à The Kitchen Community, organisation caritative d'éducation au jardinage pour les enfants du Colorado, dirigée par… son frère Kimbal. Autre exemple : entre 2011 et 2013, 100 000 dollars ont été distribués à l'école privée Mirman de Los Angeles, précisément celle où étudiaient ses fils. Pis, la Musk Foundation se voit, chaque année, financée *via* des dons d'actions Tesla par le P.-D.G. : une bonne affaire puisque cela l'exonère à la fois d'impôt sur les plus-values et d'un incroyable avantage fiscal (il peut déduire la valeur des actions données de ses impôts sur le revenu). En 2021, le patron a toutefois bien plus voulu se faire mousser en lançant sa deuxième fondation, intitulée XPrize, qui intervient pêle-mêle dans les domaines de la biodiversité, du climat, des technologies quantiques, de la soutenabilité, de la santé, de l'enseignement et de l'exploration spatiale. Difficile de faire plus éclectique. Premier fait d'armes : le lancement, en grande pompe, d'une donation de 100 millions de dollars pour celui qui présentera le meilleur projet de puits de carbone. Rappelons que cette promesse d'un aspirateur à CO_2 n'est pas nouvelle et que les investissements en ce sens n'aboutissent depuis des années qu'à… pas grand-chose. Pire : ils entretiennent l'espoir d'une solution à venir.

En attendant, Musk se la joue Picsou tant il se montre précautionneux dans ses dépenses pour de grandes causes, que ce soit la lutte contre le réchauffement climatique ou contre la faim dans le monde. Ce dernier exemple est cocasse. Fin octobre 2021, le multimilliardaire est piqué au vif lorsque le directeur du Programme alimentaire mondial

(PAM) de l'ONU pointe que « 6 milliards de dollars [suffiraient] à aider quarante-deux millions de personnes qui s'apprêtent à mourir de faim, ce n'est pas compliqué ». Soit 2 % de la fortune d'alors d'Elon Musk. L'intéressé rétorque sur Twitter : « Si le PAM peut décrire comment 6 milliards de dollars résoudront la faim dans le monde, je vendrai des actions de Tesla [et vous donnerai la somme][19]. » Ce qu'a fait le PAM moins de quinze jours plus tard, l'interpellant sur Twitter : « Voici ! Nous sommes prêts à discuter [...] La demande est de 6,6 milliards de dollars pour éviter la famine en 2022[20]. » Musk n'a pas donné suite et l'ONU n'a jamais enregistré de don de sa part. D'après la formule de l'ancien président du Conseil Henri Queuille, « les promesses n'engagent que ceux qui les écoutent ». Et tant pis si elles demeurent bien visibles sur Twitter.

Complotisme climatique

Twitter, justement, est un bon indicateur de l'engagement réel d'Elon Musk dans la lutte contre le réchauffement climatique. Au-delà des hyperboles commerciales sur les produits Tesla ou les missions SpaceX, le patron n'est pas à l'épreuve des faits. Le cas le plus emblématique de son apathie dans la lutte pour préserver l'environnement réside dans la bascule de Twitter. Le réseau social s'était imposé en incontournable pour les partages d'idées

19. Elon Musk, message sur Twitter/X.com, 31 octobre 2021, *https://twitter.com/elonmusk/status/1454808104256737289*.
20. Elon Musk, message sur Twitter/X.com, 15 novembre 2021, *https://twitter.com/WFPChief/status/1460323875804397568?s=20*.

et la défense de cette cause. Sauf que la complaisance du nouveau propriétaire envers les sphères conspirationnistes a dégoûté nombre de militants du climat. La revue *Nature* rapporte[21] que 54 % des scientifiques spécialistes de l'environnement ont préféré réduire ou cesser leurs publications sur Twitter depuis l'arrivée de Musk. Les raisons invoquées par les chercheurs interrogés varient, mais beaucoup citent la nouvelle gestion de la plate-forme et l'augmentation des discours haineux, antiscientifiques et conspirationnistes. Une autre étude, publiée dans la revue *Trends in Ecology & Evolution*[22], confirme la fuite des défenseurs de l'environnement : sur trois cent quatre-vingts mille comptes mobilisés pour le climat et la biodiversité, plus de la moitié ont cessé toute publication sur Twitter depuis le rachat. Plus largement, la coalition d'ONG environnementales Climate Action Against Disinformation classe[23] Twitter comme le pire réseau social en matière de désinformation sur le climat.

Le climatologue français Christophe Cassou, directeur de recherche au CNRS et membre du Giec, le déplore : « Au fur et à mesure que je publiais, les faits étaient détournés, puis rapidement ça a basculé sur des attaques *ad hominem* et des hordes de climatosceptiques qui venaient remettre en doute et remettre en question l'honnêteté intellectuelle et la déontologie du métier de chercheur. Quand on ne peut pas attaquer le message qui est robuste et établi, on

21. Myriam Vidal Valero, *Nature*, 2023, *https://www.nature.com/articles/d41586-023-02554-0*.
22. Charlotte Chang, Nikhil Deshmukh, Paul Armsworth et Yuta Masuda, *Trends in Ecology & Evolution*, 2023, *https://www.cell.com/trends/ecology-evolution/fulltext/S0169-5347 (23) 00189-1*.
23. Climate Action Against Disinformation Coalition, 2023, *https://caad.info/analysis/reports/climate-of-misinformation-ranking-big-tech*.

s'en prend aux messagers. C'est ça qui était compliqué et lourd à gérer : de nous faire passer pour malhonnêtes, corrompus, manipulés dans un esprit complotiste et nauséabond, avec qui il est impossible de discuter. Ça génère une charge mentale, car je passe alors plus de temps à extraire de l'information positive qui intéresse, même si une partie de cette dérive est peut-être due aussi aux algorithmes et à l'arrivée d'Elon Musk. J'en avais marre, ça commençait à déborder dans ma sphère personnelle, donc pour faire baisser la charge, j'ai suspendu Twitter[24, 25]. »

Le mathématicien David Chavalarias a, début 2023, passé au crible cette montée du climatoscepticisme et la multiplication des « dénialistes climatiques » – ces personnes qui rejettent les principales conclusions des rapports du Giec et des sciences du climat. Il note : « En 2022, les rapports de force entre communautés ont radicalement changé, les tailles des communautés "dénialistes" ont plus que doublé [en particulier quand] Elon Musk, après avoir racheté Twitter, a décidé de fermer des services entiers dédiés à la modération et a entrepris de rétablir des comptes suspendus[26]. » Résultat : désormais, le débat sur le changement climatique sur Twitter est fortement bipolarisé, avec environ 30 % de dénialistes climatiques parmi les comptes qui abordent les questions

24. Leslie Larcher, France 3, 2023, *https://france3-regions.francetvinfo.fr/occitanie/haute-garonne/j-ai-senti-le-virage-harcele-en-ligne-par-des-climatos-ceptique-le-membre-du-giec-christophe-cassou-a-suspendu-son-compte-twitter-2826890.html.*

25. Christophe Cassou a finalement rétabli son compte.

26. David Chavalarias, Paul Bouchard, Victor Chomel et Maziyar Panahi, « Les nouveaux fronts du dénialisme et du climato-scepticisme », 2023, *https://hal.science/hal-03986798.*

d'environnement. En France, la communauté dénialiste produit ou relaie 3,5 fois plus de messages que la communauté Giec. Cette communauté toxique se compose majoritairement de comptes ayant participé à de nombreuses campagnes de contestation antisystème/antivax durant la pandémie de Covid-19. De plus, sur dix mille comptes, près de six mille ont relayé la propagande du Kremlin sur la guerre en Ukraine.

Une telle diffusion de discours négationnistes du principe même de réchauffement climatique vise principalement à instiller le doute sur la réalité de celui-ci. Et, par extension, à saper les tentatives de changements de comportements et, pire, à influencer les politiques en la matière afin d'éviter les contraintes. Ces campagnes de déni sont d'ailleurs bien souvent soutenues par ceux qui prônent des politiques économiques conservatrices – une étude[27] souligne que 92 % des livres climatosceptiques publiés aux États-Unis entre 1972 et 2005 sont liés à des *think tanks* conservateurs. C'est d'ailleurs ce que déplore la journaliste altermondialiste Naomi Klein, qui y voit « une guerre de notre système économique contre notre système planétaire[28] ». Elle s'en explique : « Le dilemme est bien connu : d'un côté, afin d'éviter le dérèglement de notre climat, nous devons réduire notre usage des ressources naturelles ; de l'autre, s'il ne veut pas s'effondrer, notre modèle économique exige une croissance sans limites.

27. Peter JACQUES, Riley DUNLAP et Mark FREEMAN, « *The Organisation of Denial: Conservative Think Tanks and Environmental Scepticism* », 2008, *https://www.tandfonline.com/doi/full/10.1080/09644010802055576*.
28. Naomi KLEIN, *Tout peut changer. Capitalisme et changement climatique*, Actes Sud, 2015.

Il n'y a qu'un seul de ces paramètres qui puisse changer, et ce ne sera pas la Nature. [...] Le monde capitaliste va chercher à faire main basse sur les ressources naturelles avec toujours plus d'avidité et de violence. Les terres cultivables d'Afrique vont être réquisitionnées afin de fournir de la nourriture et du carburant aux nations riches, ce qui conduira à un nouveau mode de pillage néocolonialiste[29]. » Analyse qui a un certain écho lorsque l'on pense à Musk et à sa communication tonitruante sur le climat. Lui, qui se définit régulièrement comme « très pro-environnement[30] » ou encore « fervent défenseur de l'environnement[31] », ne semble intéressé par la cause que dans une optique économique. C'est d'ailleurs ce dont s'est moqué le mouvement Friday for Future de la militante Greta Thunberg dans un clip satirique[32] pour le tourisme sur Mars, Planète rouge aux « 145 millions de kilomètres carrés de terres jamais foulées et aux paysages magnifiques ». Avant d'interpeller « les 99 % qui resteront sur Terre : nous ferions mieux de lutter contre le changement climatique ». L'intéressé n'a pas réagi.

29. Naomi Klein, *L'Obs*, 2015, *https://bibliobs.nouvelobs.com/essais/20150318.OBS4930/naomi-klein-il-y-a-un-choc-frontal-entre-l-urgence-climatique-et-l-ideologie-de-nos-elites.html.*

30. Keith Naughton, *Newsweek*, 2007, *https://www.newsweek.com/green-dream-electric-tesla-roadster-102779.*

31. Elon Musk, message sur Twitter/X.com, 4 mars 2023, *https://twitter.com/elonmusk/status/1632113740807061504? lang=fr.*

32. Reuters, 2021, *https://www.youtube.com/watch? v=Xk-jfAg1F3A.*

Le faux magnat

« *Franchement, je ne voudrais être le P.-D.G. d'aucune société.* »

Elon Musk, lors d'un procès, 2022[1]

S'il est un travers particulièrement agaçant dans la Silicon Valley, c'est cette propension des directeurs, même les plus petits, à se penser en managers de génie. Egotrip décuplé au moindre succès commercial. Le réseau social professionnel LinkedIn en est l'émanation, avec tous ces *CEO* autoproclamés qui prêchent la bonne parole entrepreneuriale et managériale, enchaînant les poncifs appuyés sur des citations plates au possible. Un exemple : « "Nous gagnons notre vie avec ce que nous recevons, mais nous lui donnons un sens avec ce que nous offrons", disait Winston Churchill. Pour les entreprises, soutenir les initiatives locales peut faire une grande différence », promet une *CEO*-coach en entreprenariat de Chicago. Au-delà du fait

1. Andrew Hawkins, *The Verge*, 2022, *https://www.theverge.com/2022/11/16/23462668/elon-musk-trial-testimony-twitter-tesla-ceo-technoking*.

que Churchill n'a jamais prononcé ces mots, difficile de voir ce qu'apporte réellement cet aphorisme dans la gestion d'une société. S'il est plaisant de critiquer la pléthore de publications du genre, il l'est moins de constater combien la logique monte à la tête de nombreux dirigeants. Dont Elon Musk.

Celui qui dirige plus de cent quarante mille salariés dans le monde se plaît ainsi à se penser en idéal du management moderne et de la bonne gestion d'entreprise. Après tout, les succès économiques de ses sociétés ne plaident-ils pas pour lui ? Sauf que, là encore, sa vision messianique brouille tout message. D'un côté, l'intéressé clame volontiers : « Franchement, je ne voudrais être le P.-D.G. d'aucune société[2] » ; de l'autre, il s'impose en divine apparition pour ses entreprises, répétant régulièrement : « Personne de bon ne voulait nous rejoindre, c'est pour ça que j'ai fini par assumer ce rôle par défaut[3] », façon de dire qu'il s'impose parce qu'il n'y a pas meilleur que lui.

Musk, à la tête de quatre multinationales, résume ainsi son rôle de patron : « Le P.-D.G. est souvent considéré comme axé sur la gestion économique, mais, en réalité, mon rôle est bien plus celui d'un ingénieur développant une technologie et s'assurant que nous développons des produits révolutionnaires et que nous avons des ingénieurs incroyables qui peuvent atteindre ces objectifs. » Derrière le technicien de façade se dissimule un directeur tyran, se pensant toujours génial. Aussi, il se prend à adresser régulièrement des trucs et astuces à ses managers et

2. *Ibid.*
3. Elon Musk, Congrès international d'aérospatial (IAC), 2017, *https://www.youtube.com/watch?v=cj3OgrvvBpE.*

employés pour, essentiellement, gagner en productivité. Exemple en novembre 2022 : dans un message à l'ensemble des salariés américains de Tesla qui a fuité, il énonce six règles pour tendre vers « une productivité de malade ». Les voici : « 1) Évitez les grandes réunions [qui] gaspillent un temps et une énergie précieux ; 2) Quittez une réunion si vous ne contribuez pas, ce n'est pas impoli ; 3) Oubliez la hiérarchie, communiquez directement avec vos collègues, pas par l'intermédiaire de superviseurs ; 4) Soyez clairs, pas malins : évitez les mots absurdes et le jargon technique ; 5) Abandonnez les réunions récurrentes, vous pouvez régler la plupart des problèmes [avec] un e-mail ; 6) Utilisez votre bon sens, ne suivez pas les règles, suivez les principes. »

On retrouve là l'esprit d'un précédent message, envoyé en avril 2018 et qui a également fuité, où le penseur Musk délivre ses « recommandations pour une plus grande productivité », à savoir, pêle-mêle : « cessez les grandes réunions, c'est le fléau des grandes entreprises », « quittez une réunion dès qu'il est évident que vous n'apportez rien », « la communication doit passer par le chemin le plus court et non par la hiérarchie ». Disons-le clairement : la philosophie de l'entrepreneur est de déshumaniser au maximum le travail. Il préfère faire abstraction de tout sens social et abandonner le potentiel créatif des réunions sur l'autel de plus de productivité. Même chose pour la hiérarchie, l'égotique patron s'imagine en grand manitou capable de centraliser tout ce qui se passe dans ses entreprises (en 2008, il disait « avoir personnellement[4] » réalisé les entretiens d'embauche des cinq cents salariés de SpaceX),

4. Elon Musk, dans un entretien vidéo pour On Innovation, émanation du musée de l'Innovation Henry-Ford, 2013.

plutôt que d'accepter de déléguer et admettre que les strates intermédiaires peuvent avoir un rôle, *a minima* de motivation des équipes – là encore, la logique robotique déshumanisée prévaut. Sauf que ces préceptes, érigés en fonctionnement d'entreprise, donnent volontiers un sentiment de machine à broyer les salariés.

Navi Radjou, consultant et essayiste franco-américain classé parmi les cinquante penseurs en management les plus influents au monde par Thinkers50, analyse le problème : « Elon Musk souffre du "syndrome du fondateur", qui conduit des entrepreneurs ayant beaucoup donné pour bâtir leur réussite à réclamer le même engagement de leurs salariés, à projeter leur modèle de valeurs sur ses employés, quand bien même ils n'en tireront pas le même bénéfice. En d'autres termes, à se comporter comme des tyrans… » Un comportement d'habitude cantonné aux start-up en forte croissance, les multinationales bénéficiant de la temporisation des investisseurs. Navi Radjou ajoute : « Chez Musk, cela se croise avec une logique de croissance, de toujours pousser pour aller plus loin, plus haut, dans une attitude guerrière, sans jamais baisser sa garde par peur de se voir dépassé par d'autres. Le problème est que, même si ça aboutit un temps à des résultats, à la fin cela pourrit la culture de l'entreprise, désengage les salariés et plombe la productivité. »

Brutal

Pour mieux se rendre compte de l'atmosphère délétère dans ses entreprises, il suffit d'observer la méthode Musk récemment à l'œuvre. Le cas de Twitter s'avère particulièrement révélateur de la façon dont quelqu'un qui se revendique du futur se la joue patron à l'ancienne, rejetant toute idée de télétravail, apparaissant dans le contrôle total jusqu'à micro-manager – en 2017, il frôle le burn-out[5], ne déléguant jamais rien, ne prenant jamais de vacances, jusqu'à se voir contraint de se gaver de somnifères pour réussir à dormir quelques heures par nuit. Et, bien sûr, il se révèle d'une incroyable brutalité sociale, licenciant sans état d'âme, avant de pressuriser ceux qui restent. En somme, l'opposé du boss moderne, compatissant, dont l'ambition est d'autonomiser ses salariés, dans un parfait équilibre entre vie professionnelle et vie personnelle – pour *in fine* profiter d'une meilleure productivité. Peu d'études ont été menées sur les qualités nécessaires à un bon dirigeant pour mener une entreprise vers le succès. Toutefois, une analyse[6] – fondée sur un questionnaire transmis à deux cent soixante-deux patrons issus d'Harvard – sur la manière dont les P.-D.G. prennent leurs décisions stratégiques souligne que ceux qui se reposent sur des process objectifs et structurés (et moins sur leurs instincts) tendent à enregistrer la plus grande réussite économique. Pas le genre du Musk qui, avec son nouveau joujou, Twitter, impose sa priorité : faire table rase. Le réseau social changera de nom et de finalité mais, avant toute chose, il dégraisse. Et opte pour une méthode expéditive : par un e-mail froid et laconique,

---

5. Il raconte cette année « atroce » au *New York Times*, 2018, *https://www.nytimes.com/2018/08/16/business/elon-musk-interview-tesla.html*.

6. Mu-Jeung Yang, Michael Christensen, Nicholas Bloom, Raffaella Sadun et Jan Rivkin, *Harvard Business School*, 2020, *https://hbswk.hbs.edu/item/how-do-ceos-make-strategy*.

des centaines de travailleurs apprennent leur licenciement, sans aucune autre forme de procès ou d'échange, avec la consigne ferme de ne rien communiquer à l'extérieur de l'entreprise. « Ce processus de licenciement est une farce et une honte, a réagi[7] Taylor Leese, directeur d'une équipe d'ingénieurs licenciés. Des sbires de Tesla prennent des décisions sur des gens dont ils ne savent rien à part le nombre de lignes de codes produites. C'est complètement absurde. » Il faisait référence aux listes d'employés à garder ou à licencier établies par la nouvelle direction sur la seule base de leur production de code informatique. « Ils ne cherchent pas les talents dans ce gouvernement de Vichy », a-t-il ensuite cinglé, référence au régime autoritaire soumis aux nazis durant la Seconde Guerre mondiale. Au total, sur les huit mille salariés de Twitter, plus de six mille sont licenciés. Il ne reste désormais plus que mille cinq cents employés (le différentiel s'explique par des démissions).

Interrogé plusieurs mois plus tard, Musk a assuré que cette « action drastique[8] » était nécessaire pour éponger « une situation de trésorerie négative de 3 milliards de dollars », qui ne laissait à Twitter que « quatre mois à vivre. Si tout le navire avait coulé, alors plus personne n'aurait eu de travail ». Une défense somme toute classique pour celui qui adopte la posture du patron-qui-licencie-pour-sauver-des-emplois, sur la base d'éléments invérifiables. En revanche, rien ne justifie le recours à la brutalité sans jugeote. En effet, après les premières vagues de licenciements, les nouveaux dirigeants de Twitter se sont aperçus

7. Taylor Leese, message sur Twitter/X.com, 31 octobre 2022, supprimé depuis.
8. James Clayton, BBC, 2023, *https://www.bbc.com/news/live/world-us-canada-65247272/page/2.*

des manques immédiats de main-d'œuvre dans certains domaines, allant jusqu'à rappeler certains licenciés pour leur demander de revenir[9], démontrant combien toutes ces décisions avaient été prises de manière chaotique et désordonnée. Pis, aux employés survivant à l'hécatombe Musk, aucun n'a eu droit à un tant soit peu de gratitude pour avoir tenté de maintenir à flot ce réseau social mondial (s'il y a eu de nombreuses pannes, il s'est globalement maintenu). Et ce, alors qu'ils ont été pressurisés au maximum. Musk leur a en effet imposé des *deadlines* intenables pour un travail dantesque – notamment passer en revue l'intégralité des millions de lignes de code informatique permettant au site de fonctionner –, le tout sous le regard inamical de l'œil de Moscou (le nouveau patron a placé une cinquantaine de fidèles[10], issus de Tesla, The Boring Comparny ou Neuralink, pour surveiller l'avancée de ses ordres). Résultat: les employés, sur le point d'être virés, devaient travailler douze heures par jour, sept jours par semaine. « On attend littéralement que vous travailliez vingt-quatre heures sur vingt-quatre, sept jours sur sept », disait sans détour un message interne[11] transmis à une équipe.

Illustration de ce processus totalement déshumanisé avec Esther Crawford, Américaine de 39 ans. Arrivée chez Twitter en 2020 après le rachat de sa start-up et devenue

9. Kurt Wagner et Edward Ludlow, *Bloomberg*, 2022, *https://www.bloomberg.com/news/articles/2022-11-06/twitter-now-asks-some-fired-workers-to-please-come-back#xj4y7vzkg*.
10. Lora Kolodny, CNBC, 2022, *https://www.cnbc.com/2022/10/31/elon-musk-has-pulled-more-than-50-tesla-engineers-into-twitter.html*.
11. Kali Hays, *Business Insider*, 2022, *https://www.businessinsider.com/elon-musk-demands-employees-work-24-7-finish-projects-twitter-2022-10?r=US&IR=T*.

directrice des produits en développement, elle se montrait particulièrement emballée par l'arrivée d'Elon Musk. Elle s'est d'ailleurs imposée en fervente défenseuse de sa vision lors de la phase de licenciements, et a travaillé d'arrache-pied sur la nouvelle fonction d'abonnement Blue. Elle a aussi multiplié les messages d'encouragement aux équipes restées en place, et a été jusqu'à mettre en scène son implication en partageant une photo d'elle en train de dormir dans un sac de couchage dans les bureaux. « Faire des choses difficiles demande des sacrifices (temps, énergie, etc.), résume-t-elle alors. Avec mes coéquipiers dans le monde entier, nous nous efforçons de donner vie à quelque chose de nouveau[12]. » Insuffisant. Trois mois plus tard, elle se voit licenciée comme les autres, par un simple e-mail. Discrète au début, Crawford s'est finalement autorisé quelques piques sur Twitter contre la nouvelle direction, « à la recherche d'économies en raison d'un manque de compréhension de l'activité principale [de l'entreprise] ou d'un mépris de l'expérience client. Le résultat est une perte massive de valeur[13]. » Mais aussi contre Elon Musk en personne : « De l'*hubris* sans retenue, sans empathie pour les clients et sans objectivité [est] un excellent moyen de cramer des milliards de dollars[14]. »

12. Esther Crawford, message sur Twitter/X.com, 2 novembre 2022, *https://twitter.com/esthercrawford/status/1587819812301918209*.
13. Esther Crawford, message sur Twitter/X.com, 23 juillet 2023, *https://twitter.com/esthercrawford/status/1683141018752004096*.
14. Esther Crawford, message sur Twitter/X.com, 1er juillet 2023, *https://twitter.com/esthercrawford/status/1675235246365880321*.

Iznogoud

Si l'autoritarisme de Musk chez Twitter a surpris nombre d'observateurs, il suffit d'observer son historique de dirigeant pour s'apercevoir combien il n'a jamais brillé en tant que P.-D.G. Ce n'est d'ailleurs pas pour rien qu'il s'est vu éjecté du poste dans les deux start-up qu'il a cofondées. D'abord Zip2, la société créée en 1995 avec son frère Kimbal, où le pas-encore-milliardaire s'employait à tout et n'importe quoi pour se donner des airs de patron débordé. Mais dès qu'un capital-risqueur d'envergure investit 3 millions de dollars, en 1996, il fait table rase de la gestion brouillonne des Musk, obligeant Elon à céder le volant à un P.-D.G. expérimenté contre un titre de « directeur technique », et impose une révision de toute la stratégie pour aboutir au succès qu'a connu la start-up californienne. Une reprise en main en règle. Surtout, cet épisode a – déjà – mis en exergue combien le Sud-Africain peut être tyrannique. Goûtant peu à sa rétrogradation, Elon Musk l'a joué Iznogoud, faisant tout pour devenir P.-D.G. à la place du nouveau P.-D.G., critiquant sans cesse la stratégie, mettant des bâtons dans les roues de chaque prise de décision, voire en s'en prenant aux autres employés. Il n'était ainsi pas rare que des développeurs informatiques découvrent le matin qu'il avait, sans les prévenir, modifié leur travail. Et, s'ils s'en plaignaient, ils recevaient un torrent d'insultes, quand bien même cette période a mis en lumière les piètres talents de programmateur de Musk. Au grand dam des nouveaux actionnaires-dirigeants de Zip2 qui, à cette période, s'évertuaient à aider la famille Musk à obtenir des visas pour demeurer aux États-Unis et ont donné 30 000 dollars cash à chacun des deux frères – Elon Musk s'est offert une luxueuse voiture, une Jaguar E. Pas suffisant pour calmer les ardeurs belliqueuses. En 1998, après une fusion ratée, le cofondateur réclame au conseil d'administration de Zip2 la tête du P.-D.G., se proposant comme remplaçant – demande refusée, et Musk perd au passage son titre honorifique de « président » de la société. Auprès d'Ashlee Vance, l'intéressé tente un *mea culpa*: « Je n'avais jamais dirigé la moindre équipe auparavant. Je n'avais jamais été capitaine d'une équipe sportive ou de quoi que ce soit, ni même dirigé une seule personne. J'ai dû me demander ce qui influençait le fonctionnement d'une équipe. Le premier postulat évident est que les autres vont se comporter comme vous. Mais ce n'est pas vrai. Ils n'ont pas nécessairement les mêmes hypothèses ou les mêmes informations que vous. Si je sais certaines choses et que j'en communique la moitié seulement, je ne peux pas compter qu'il parviendra à la même conclusion. On doit se mettre dans une situation où l'on dit: "Voyons, comment vont-ils comprendre cela, compte tenu de ce qu'ils savent?" »

On doute toutefois qu'Elon Musk ait tiré ces leçons de direction au terme de Zip2. Puisque la gestion de sa start-up suivante, X.com, l'une des premières banques en ligne, s'est également révélée calamiteuse, et sa direction toujours aussi tyrannique. Dès le départ, la machine s'est grippée entre Musk, qui voulait à tout prix être le big-boss-qui-décide-de-tout, et un autre cofondateur, Harris Fricker, un Canadien expert de la finance – qui fera ensuite une brillante carrière comme P.-D.G. d'établissements financiers –, incollable sur les rouages du monde bancaire. Ce dernier plaidait pour plus de rationalité dans la gestion et une stratégie plus posée parce que déjà Musk multipliait les élucubrations dans la presse, promettant tout et son contraire. Si X.com a attiré sur de belles promesses les capitaux (dont ceux des institutions Deutsche Bank et Goldman Sachs), les fonds se sont accompagnés d'une volonté de plus de sérieux. Dès 1999, les investisseurs ont eu à cœur de le déloger pour lui préférer un directeur expérimenté. Avare en commentaires sur l'époque, Fricker glisse néanmoins à Ashlee Vance : « Elon disait qu'il fallait renoncer au raisonnement économique normal car nous n'étions pas dans un contexte économique normal. Il disait : "Il y a une usine de gaz hilarant sur la colline et elle arrose la Silicon Valley." » Manière de dire que le milliardaire ambitionnait de profiter de la bulle internet. Sauf que, si X.com attirait les millions de dollars des investisseurs en pleine euphorie, ce n'était pas suffisant pour s'imposer en entreprise pérenne capable de révolutionner le monde de la banque.

Aussi, la start-up a opté pour une fusion avec un autre service de paiement prometteur, voisin de palier, Confinity, créateur du service PayPal. Peter Thiel, cofondateur de Confinity, raconte : « Si vous êtes incapable de battre un rival, il vaut peut-être mieux opter pour la fusion. Quand nous avons lancé PayPal, fin 1999, nous étions talonnés par le X.com d'Elon Musk [...] Nombre d'entre nous, à PayPal, accumulions des semaines de travail de cent heures. Il ne fait aucun doute que c'était contre-productif. En février 2000, Elon Musk et moi redoutions davantage la bulle technologique, qui enflait rapidement : un krach financier nous ruinerait avant même que nous ne puissions aller au terme de notre bataille. Aussi, nous [avons] négocié une fusion à parts égales. Après la fusion, la désescalade dans notre rivalité n'a pas été simple, mais c'était là un problème secondaire. En tant qu'équipe unifiée, nous avons pu surmonter le krach internet et édifier ensuite une entreprise florissante[15]. » Si Thiel, qui s'est ensuite imposé comme l'un des plus puissants investisseurs des États-Unis, porte un regard de gestionnaire avisé sur l'opération, il omet de raconter combien cette fusion a été complexe. Essentiellement à cause du caractère sulfureux de Musk. En effet, entre X.com et PayPal, la greffe ne prendra jamais. Le plus dur fut le début de l'aventure commune, sous la direction de Musk qui prenait des décisions à l'encontre des demandes de ses équipes, notamment sur l'architecture informatique, se traduisant par de régulières pannes et rendant l'ensemble particulièrement vulnérable aux fraudes.

Au bord du gouffre, le conseil d'administration profita d'un (très) rare congé de Musk (parti en Australie pour sa lune de miel) pour le démettre de ses fonctions de P.-D.G., au profit de Thiel. Peu après, l'entreprise fut renommée PayPal et Musk s'est vu marginalisé, n'ayant que peu de poids dans les décisions stratégiques – jusqu'au rachat par eBay en 2002 pour 1,5 milliard, où il ne fut même pas consulté, alors qu'il était actionnaire majoritaire. Symbole de cette marginalisation : les cofondateurs et directeurs du PayPal d'alors, tous devenus d'éminents entrepreneurs de la Valley et surnommés « la Mafia PayPal », ont un temps nié le statut de « cofondateur » d'Elon Musk et font

15. Peter Thiel, *op. cit.*

aujourd'hui tout pour l'éviter. « Il a été purgé comme une sorte de toxine », résume le magazine *Fortune*[16]. L'influent gang se retrouve d'ailleurs de temps à autre autour de dîners, systématiquement sans Musk, rapporte le livre *Les Fondateurs*[17].

Tyran

De ces gestions décriées, Elon Musk préfère ne se souvenir que de ses succès. « Ma mentalité est celle d'un samouraï, je préfère le hara-kiri à l'échec », clame-t-il. Quitte à basculer dans l'autoritarisme. Le cas le plus symbolique demeure celui de Mary Beth Brown, *alias* « MB », comme tout le monde l'appelait chez Tesla et SpaceX. Au début des années 2000, Musk l'embauche comme assistante-à-tout-faire, sorte de fidèle *factotum* qui lui organise ses rendez-vous, aussi bien professionnels que privés, choisit ses vêtements, apporte ses repas, gère ses relations publiques, répond à la presse, prend des décisions sur la vie de ses entreprises… Elle géra même un temps la comptabilité de SpaceX. Au besoin, elle aligne vingt heures de travail par jour, histoire de coller au rythme de son boss. « Mary était une employée exceptionnelle et dévouée, raconte Justine Musk, première femme du patron. Elle était très agréable à côtoyer sur le plan personnel. Elle a

16. Jeffrey O'Brien, *Fortune*, 2007, *https://fortune.com/2007/11/13/paypal-mafia*.
17. Jimmy Soni, *Les Fondateur. L'histoire de PayPal et des créateurs de la Silicon Valley*, Talent éditions, 2022.

donné sa vie pour son travail – et pour notre famille[18]. » Sauf qu'après plus de douze ans de bons et loyaux services, lorsqu'elle demande une augmentation de salaire, Musk lui propose un test : « Je pense que vous êtes un élément précieux. Cette rémunération est peut-être juste. Il faut que vous preniez deux semaines de vacances, et je verrai alors si c'est vrai ou non[19]. » L'intéressée de s'exécuter et de prendre quinze jours de congé. À son retour, le capricieux patron juge qu'elle n'est pas essentielle au fonctionnement de l'entreprise et la licencie par téléphone, sans jamais la revoir. « Mary Beth a été une assistante extraordinaire [...] mais à mesure que la complexité de l'entreprise augmentait, le rôle nécessitait plusieurs spécialistes plutôt qu'une généraliste[20] », a par la suite tenté de justifier Musk.

Un cas isolé ? Pas vraiment. D'autres ont été licenciés pour bien moins que ça... « Des gens du marketing ont été licenciés pour avoir commis des erreurs de grammaire dans des e-mails, d'autres [parce qu'ils] n'avaient rien fait de "super" récemment », partage Ashlee Vance. Cette raideur rare s'illustre par exemple dans un e-mail aux managers de Tesla qui contesteraient ses décisions : « Il n'y a que trois actions autorisées : écrivez-moi pour m'expliquer en quoi c'est incorrect, demandez des clarifications, exécutez mes instructions. Sinon, vous serez invité à démissionner immédiatement. » Même chose, dans la foulée de la pandémie de Covid-19 qui a profondément remodelé l'organisation du

18. Sur le forum Quora, en 2015, *https://www.quora.com/What-is-known-about-Elon-Musks-long-time-assistant-Mary-Beth-Brown*.

19. Ashlee Vance, *op. cit.*

20. Elon Musk, message sur Twitter/X.com, 11 août 2017, *https://twitter.com/elonmusk/status/895836885427335168*.

travail, il a demandé à ses salariés de cesser tout télétravail : « Toute personne qui souhaite faire du travail à distance doit être au bureau pour un minimum (et je dis bien un minimum) de quarante heures par semaine ou quitter Tesla. » Plusieurs enquêtes ont décrit par le menu la déplorable ambiance suscitée par le management de Musk dans ses entreprises. En particulier chez Tesla où ses colères noires et son micro-management ont épuisé nombre de salariés. Dès 2018, le *Wall Street Journal* narre comment « certains employés préfèrent communiquer avec lui uniquement par e-mail, espérant nerveusement une réponse laconique de deux lettres disant "OK", puisqu'une réponse longue est certainement une critique ou l'ordre de faire machine arrière. Surtout qu'il peut convoquer des salariés à l'usine à n'importe quelle heure du jour ou de la nuit. […] Lorsque le patron était de mauvaise humeur, les cadres évitent de proposer des idées ou de soulever des préoccupations. "Tant qu'il hoche la tête, je peux continuer à parler, du moment où il s'arrête, je dois me taire", partage un ancien directeur. D'autres essayent d'anticiper son humeur en suivant tous les ragots sur sa vie privée[21] ».

Ces quelques lignes dressent un bon portrait du patron tyrannique qu'est Elon Musk. Et combien son management autocratique, soumis à ses seules humeurs, l'impose en dictateur de ses entreprises. Il peut être tentant de se dire que cette gestion demeure cantonnée à sa seule direction proche, qu'elle ne ruisselle pas jusqu'aux employés en bas de l'échelle, mais c'est se tromper sur le dominateur qu'il est. Ce funeste

21. Tim Higgings, Tripp Mickle et Rolfe Winkler, *Wall Street Journal*, 2018, *https://www.wsj.com/articles/elon-musk-faces-his-own-worst-enemy-1535727324?mod=article_inline*.

état d'esprit infuse partout, chez Tesla comme ailleurs. Interrogée sur le fonctionnement chez SpaceX, Sibylle Delaporte, première Française à y avoir travaillé comme ingénieure aérospatiale, tempère le costume de despote du dirigeant. Mais elle reconnaît « beaucoup de pression, beaucoup de burn-out. C'est globalement valable pour toute l'industrie spatiale – parce que la moindre erreur peut causer un grave accident – mais c'est encore plus prononcé chez SpaceX où tu peux être viré sur-le-champ. J'ai vu trois personnes partir du jour au lendemain. [*Sic.*] Résultat : tout le monde se donne à fond, et cela se traduit par de longues heures de travail. En moyenne, je travaillais soixante-dix à quatre-vingt heures par semaine, souvent sept jours sur sept. » Musk parle sans cesse de « motivation », mais il apparaît qu'il s'agit plutôt d'un management par la terreur.

Sibylle Delaporte encore : « Plus les gens restent, plus ils savent ce qu'Elon aime ou pas, et tout devient une déclinaison de sa volonté. En France, on peut avoir tendance à critiquer sa hiérarchie, pas là-bas, la moindre critique crée un immense malaise. Soit tu suis Elon, soit tu pars. Comme à l'armée, Elon est le capitaine, et tu n'es pas là pour remettre en question ses décisions, avec une logique d'obéissance et de respect. » La comparaison avec l'armée n'est pas anodine. SpaceX recense 13 % d'anciens militaires parmi ses employés, que l'on dit dans le bon état d'esprit pour tenir le rythme – on précise que les États-Unis comptent un grand nombre de vétérans. Un programme spécifique est même prévu pour les recruter. « Ce que j'ai vécu dans l'armée m'a préparé pour SpaceX, estime David Bangs, ancien mécanicien de l'US Air Force. Dès que vous traversez le bâtiment, vous pouvez sentir le potentiel et l'excitation, et vous êtes prêt à tout consacrer et à tout sacrifier pour accomplir la mission. C'est un fonctionnement assez similaire parce que tout est axé sur la mission. Et en plus, cela permet aussi de côtoyer plein d'anciens combattants, et ça nous apprend à être ce que nous appelons un "leader-serviteur"[22]. » Quoi de mieux pour obéir à un Musk fantoche que des ex-militaires ? Si les passerelles entre l'armée et SpaceX sont évidentes, le même programme de recrutement a été mis en place chez Tesla, où les ex-soldats représentent près d'1 % des salariés. « Nous savons ce que c'est de travailler dans des conditions stressantes, partage Kristen Kavanaugh, une ancienne Marine. Nous sommes habitués à un rythme opérationnel élevé et c'est ce que nous avons ici chez Tesla. En tant que vétéran, on s'ajuste naturellement[23]. » Aux États-Unis, nombre d'entreprises promeuvent leurs recrutements d'anciens soldats, comme un argument mi-patriotique mi-philanthropique – alors qu'il s'agit bien de main-d'œuvre. Mais peu insistent, comme le font SpaceX et Tesla, sur l'état d'esprit aligné entre les deux professions, avec Musk dans la position du général conquérant.

Déclinaison française

À nouveau, il ne faut pas croire que cette logique s'avère purement américaine – même si les salariés sont

22. Sandy Mazza, *Daily Breeze*, 2017, *https://www.dailybreeze.com/2017/11/10/13-percent-of-spacexs-workforce-are-veterans-heres-why*.
23. CBS, 2018, *https://www.cbsnews.com/sanfrancisco/news/tesla-makes-hiring-and-supporting-veterans-a-priority*.

moins facilement licenciés en France. Ainsi, en septembre 2022, la cour d'appel de Versailles a été saisie d'une affaire prud'homale sur le cas d'un ancien manager français de Tesla. Le procès offre une intéressante plongée dans la mécanique à l'œuvre, avec ses pressions et humiliations récurrentes sur les employés, et cette logique de travailler toujours plus. D'abord, les « brimades répétées » contre les cinq salariés, qui disent se sentir « en danger », à base de « tu as un salaire grâce à moi » ou « petite réceptionniste de province », mais aussi les invectives récurrentes, telles que « tu te tais et tu m'écoutes » ou « ne fais pas ta tête de conne ». Ou encore de propos injurieux et déplacés, comme « ton copain ressemble à un pédé » ou « vous avez fait une école de commerce de merde ». Dans cette équipe, les larmes sont décrites comme récurrentes, même devant les clients et prospects. Tandis que le recours accru aux heures supplémentaires est institué en règle, comme si dépasser constamment le cadre légal faisait partie de la charge de travail acceptable. Une problématique qui s'applique jusqu'au fameux manager qui, lors de son procès, a évoqué en moyenne vingt-huit heures supp' par semaine – et a obtenu le règlement de plus de 25 000 euros pour des heures non payées durant sept mois.

Cette logique du travailler toujours plus atteint son paroxysme lors du « *challenge sales advisor* », où les employés de l'équipe devaient « travailler sept jours sur sept, vingt-quatre heures sur vingt-quatre [et] ne pas dormir ». Impossible de ne pas voir dans ce « défi » l'aura d'Elon Musk, auquel le manager français se référait régulièrement, en particulier pour tout ce qui concerne le besoin de toujours plus rester au bureau, faisant totalement fi d'une potentielle vie personnelle. Musk s'est en effet plusieurs fois targué de sa capacité exceptionnelle (*sic*) à accumuler les heures de travail. « Il y a eu des moments où, certaines semaines, je ne dormais que quelques heures pour travailler toujours plus, raconte-t-il par exemple en 2018. Je travaillais sept jours sur sept, et certaines semaines je devais être à cent vingt heures. Maintenant, je suis à quatre-vingt ou quatre-vingt-dix heures par semaine, c'est assez gérable[24]. » Et d'ajouter avec emphase : « Si vous aimez ce que vous faites, vous n'aurez pas l'impression que c'est du travail. Personne n'a jamais changé le monde en travaillant quarante heures par semaine[25]. » Comme si sa messianique promesse de « changer le monde » justifiait toutes les dérives, en particulier celles contrevenant au droit du travail. Plus récemment, après le rachat de Twitter, le milliardaire se vantait encore de « travailler du matin au soir, sept jours par semaine[26] ». En ce sens, ce n'est pas un hasard si le manager français de Tesla affirmait régulièrement que l'entreprise a besoin de ses salariés qu'ils « travaillent sept jours sur sept, de 8 heures à minuit », et que ceux « incapables de travailler le dimanche, les jours fériés et la nuit, n'ont rien à faire chez Tesla ». « Il faut être une machine », disait-il encore, et n'« arrêter le travail que si tes yeux font mal à cause de l'écran ou si tes doigts te font mal à cause du clavier ». Sans

24. Kara Swisher, Recode Decode, 2018, *https://www.vox.com/2018/11/2/18053428/recode-decode-full-podcast-transcript-elon-musk-tesla-spacex-boring-company-kara-swisher*.
25. Elon Musk, message sur Twitter/X.com, 27 novembre 2018, *https://twitter.com/elonmusk/status/1067279265563955200*.
26. Elon Musk, lors de la conférence B20 en Indonésie, 2022, *https://www.cbsnews.com/news/elon-musk-twitter-says-working-247-i-have-too-much-work-on-my-plate*.

surprise, cela s'est traduit par de multiples arrêts maladie, burn-out et démissions, que le directeur balayait par cette idée que « des centaines de personnes rêvent de travailler pour Tesla, pour ceux qui ne sont pas heureux, la porte est grande ouverte ». Idée qu'a également formulée Musk à son arrivée chez Twitter.

Après les premiers licenciements, le patron du réseau social adresse une note aux salariés expliquant que, « dans un monde de plus en plus compétitif, nous devons être extrêmement durs. Cela signifiera travailler de longues heures à haute intensité. Seule une performance exceptionnelle[27] » les autorisera à rester employés de Twitter. La suite a montré que la « performance » n'a jamais été un critère pour conserver son emploi. De nombreux ex-salariés ont décidé de poursuivre Musk pour licenciement abusif. Plus de deux mille d'entre eux, basés aux États-Unis, ont ainsi déposé une plainte[28] auprès du tribunal de San Francisco parce qu'il a refusé d'expliquer les critères retenus pour les choix dans le délestage, n'a pas respecté le délai légal de licenciement et n'a pas versé l'indemnité prévue par les contrats – il y en aurait pour 500 millions de dollars non versés[29]. Deux salariées poursuivent également le magnat pour discrimination puisque, lors de la première vague de départs début novembre 2022, 57 % de l'ensemble des femmes salariées ont été virées, contre 47 % chez les

27. Kate Conger, *New York Times*, 2022, *https://www.nytimes.com/2022/11/16/technology/elon-musk-twitter-employee-deadline.html*.
28. Joel Rosenblatt, *Fortune*, 2023, *https://fortune.com/2023/07/03/twitter-elon-musk-fired-employees-arbitration-lawsuit-layoffs*.
29. William Skipworth, *Forbes*, 2023, *https://www.forbes.com/sites/willskipworth/2023/07/12/twitter-and-elon-musk-face-500-million-lawsuit-for-allegedly-reusing-severance-for-fired-employees*.

hommes – ce constat d'une différence de traitement est posé aussi bien pour les postes d'ingénieurs (63 % des femmes salariées licenciées, contre 48 % des hommes) que des non-ingénieurs (51 % des femmes, contre 42 % des hommes). « Il est clair que les femmes étaient beaucoup plus susceptibles que les hommes d'être licenciées de Twitter, et ces différences sont statistiquement très significatives », pointe la plainte que j'ai pu consulter. Les suites juridiques des licenciements ne s'écriront d'ailleurs pas qu'aux États-Unis, puisque quarante-trois ex-salariés au Royaume-Uni ont également déposé une plainte[30], accusant Musk de les avoir soumis à un traitement « illégal, injuste et totalement inacceptable » lors d'un processus de licenciement « fictif ».

De quoi faire écho à une autre affaire en France, dans la concession Tesla de Chambourcy, dans les Yvelines, l'une des plus grandes du pays. Le conseil des prud'hommes de Saint-Germain-en-Laye a ainsi requalifié début 2024 « sans cause réelle et sérieuse » le licenciement d'un salarié victime de harcèlement managérial, trois ans plus tôt. « On me traitait de chèvre, de "cassos" car j'habitais dans le 93, on me disait que j'étais nul, c'est un peu dans la culture de la boîte[31] », raconte au *Monde* Jason Lambert, commercial, qualifié sur ses fiches de paie comme « hôte d'accueil », et qui travaillait « soixante-dix à

---

30. Dan Milmo, *The Guardian*, 2023, *https://www.theguardian.com/business/2023/jan/11/sacked-twitter-uk-staff-claim-unlawful-treatment-in-sham-redundancy*.
31. Jules Thomas, *Le Monde*, 2024, *https://www.lemonde.fr/emploi/article/2024/01/30/victime-de-harcelement-un-ex-salarie-de-tesla-france-fait-condamner-son-entreprise-aux-prud-hommes_6213823_1698637.html*.

quatre-vingt heures » par semaine. La multiplication des ruptures conventionnelles et des arrêts maladie (deux cent soixante-dix pour cinq cents salariés en 2022) aurait été le déclencheur d'une enquête de l'inspection du travail, rapporte Mediacités[32], dont les conclusions ne sont pas connues au moment de la rédaction de ces lignes.

Émules

Bien qu'évidemment contre-productif, le management d'Elon Musk fait néanmoins des émules. Le P.-D.G. de la plate-forme internet communautaire Reddit, Steve Huffman, a par exemple vanté la direction muskienne de Twitter, en particulier sa capacité à « réduire les coûts[33] » rapidement – comprendre licencier à tour de bras. « Elon a montré [que] vous pouvez diriger une entreprise avec autant d'utilisateurs, dans le secteur de la publicité, et atteindre le seuil de rentabilité avec beaucoup moins de salariés », insiste celui qui veut en faire « un exemple à suivre pour Reddit ». Juste avant cette prise de position, le patron licenciait 5 % de ses effectifs. Il dit d'ailleurs s'être plusieurs fois entretenu avec son modèle pour obtenir des astuces. Même Mark Zuckerberg, cofondateur et patron de Meta, la maison-mère de Facebook, et rival de Musk, a chanté

32. Samuel Hauraix, Mediacités Nantes, 2023, *https://www.mediacites.fr/enquete/nantes/2023/11/16/dans-des-concessions-tesla-le-management-a-lamericaine-fait-disjoncter-de-nombreux-salaries.*
33. David Ingram, NBC News, 2023, *https://www.nbcnews.com/tech/tech-news/reddit-blackout-protest-private-ceo-elon-musk-huffman-rcna89700.*

ses louanges : « Je pense qu'Elon a mené très tôt un effort pour rendre Twitter plus léger. Vous pouvez être d'accord ou pas avec la façon dont il a fait ça, mais je pense que beaucoup de principes sur lesquels il a insisté – comme avoir moins de managers –, sont de bons changements. Et je pense que ce sont probablement de bons changements pour l'industrie. Beaucoup d'autres personnes pensaient que c'était bien de le faire, mais ils sont peut-être un peu timides[34]. » Meta a licencié environ vingt et une mille personnes entre 2021 et 2023, dans une quête d'« efficacité ».

Cette aspiration à la Musk-attitude n'est – hélas – pas isolée. D'après un sondage auprès de deux cent vingt dirigeants d'entreprises françaises dont le chiffre d'affaires est supérieur à 20 millions d'euros, et relayé par le magazine *Challenges*[35], Elon Musk est cité comme le patron le plus « inspirant » – vanté par 43 % des sondés !

« Pourtant, il ne répond clairement pas aux canons du manager moderne, note Navi Radjou, spécialiste du management. Il ne perçoit le travail que dans la quantité, jamais dans la qualité. Cette logique impose le travail uniquement comme un fardeau », déplore encore ce conseiller qui intervient dans de nombreux grands groupes. « Après, je reste optimiste ; aux États-Unis, les entreprises sont pragmatiques. Si les clients boycottent un produit parce que les salariés sont maltraités, alors

34. Mark Zuckerberg, The Lex Fridman Podcast, 2023, *https://www.youtube.com/watch?v=Ff4fRgnuFgQ*.

35. Adrien Schwyter, *Challenges*, 2023, *https://www.challenges.fr/club-entrepreneurs/musk-bernard-arnault-quels-patrons-et-patronnes-inspirent-les-dirigeants-francais_860017*.

les patrons changeront d'approche. » Une lueur d'espoir. Puisque la personne d'Elon Musk est devenue l'aspect le moins attractif de Tesla, d'après une étude[36] auprès de consommateurs de véhicules électriques. En effet, 21,5 % des premiers acheteurs de la marque ont préféré[37] l'abandonner parce qu'ils désapprouvent les positions du patron. Signe des temps : en Californie, de plus en plus de Tesla arborent des autocollants « J'ai acheté cette Tesla avant qu'Elon Musk ne devienne un connard, désolé » ou « Club Tesla anti-Elon ». Toutefois, le mouvement n'en est qu'à ses prémices. Et, en attendant, les choix du magnat inspirent, et ce partout dans le monde. Même le respecté hebdomadaire *The Economist* s'interroge : « Elon Musk est-il l'avenir du management[38] ? » Avant lui, le magazine américain *Inc* n'hésitait pas à le vanter comme « un exemple fort de management dans le monde réel[39] », évoquant sa réponse toute « en émotions » face aux problèmes de sécurité pour les travailleurs de Tesla. Alors, l'ONG américaine Worksafe dénonçait le nombre record d'accidents du travail dans l'usine de Fremont, en Californie, avec un taux de 7,9 % en 2015[40], soit deux fois plus que la moyenne de l'industrie automobile aux États-Unis. Et Musk de réagir en jouant la corde

36. Mike Dovorany, *Escalent*, 2021, *https://escalent.co/blog/would-tesla-be-better-off-without-elon-musk-some-electric-vehicle-shoppers-think-so.*
37. Tom Randall, Jeremy Diamond et Dean Halford, Bloomberg, 2023, *https://www.bloomberg.com/graphics/2023-tesla-survey/elon-musk-brand-analysis.*
38. *The Economist*, 2022, *https://www.economist.com/business/2022/11/07/elon-musks-challenge-to-management-thinking.*
39. Lisa Calhoun, *Inc.*, 2017, *https://www.inc.com/lisa-calhoun/elon-musk-just-shared-his-1-must-have-attitude-for-great-managers.html.*
40. Le rapport complet de Worksafe porte sur la période entre 2014 et 2017, *https://worksafe.typepad.com/files/worksafe_tesla5_24.pdf.*

sensible : « Aucun mot ne peut exprimer à quel point je me soucie de votre sécurité et de votre bien-être. Cela me brise le cœur quand quelqu'un est blessé en [...] faisant de son mieux pour que Tesla réussisse. J'ai demandé que toutes les blessures me soient signalées directement, sans exception. [...] Les managers doivent toujours faire passer la sécurité de leur équipe avant la leur. »

En 2021, ce taux d'accidents est redescendu à 4,4 % (d'après les données fournies par Tesla), soit autant que le reste de l'industrie (qui a vu son nombre d'incidents augmenter). Sauf qu'une explication de cette amélioration résiderait avant tout dans la non-déclaration de certains accidents, rapporte une enquête[41] de l'ONG Center for Investigative Reporting, qui cite plusieurs cas de blessures, comme l'inhalation de produits chimiques, dissimulés sous des prétextes d'« incidents mineurs » ou de « raisons personnelles ». « Ce n'est qu'une question de temps avant que quelqu'un ne meure à l'usine », leur indique un ancien salarié, chargé d'une ligne d'assemblage, pointant le danger des machineries présentes. L'équivalent de l'inspection du travail en Californie, l'OSHA, a ouvert plusieurs enquêtes vis-à-vis de l'usine, concluant à plus de cinquante-quatre violations[42] des mesures légales de sécurité, soit trois fois plus que les dix plus grandes usines d'Amérique réunies – Tesla a été condamné à plus de 200 000 dollars d'amende,

41. Will EVANS et Alyssa JEONG PERRY, *Reveal*, 2018, *https://revealnews.org/article/tesla-says-its-factory-is-safer-but-it-left-injuries-off-the-books*.
42. Alan OHNSMAN, *Forbes*, 2019, *https://www.forbes.com/sites/alanohnsman/2019/03/01/tesla-safety-violations-dwarf-big-us-auto-plants-in-aftermath-of-musks-model-3-push*.

Musk qualifiant l'OSHA d'« organisation la plus stricte des États-Unis[43] ». Et, en janvier 2022, un employé de l'usine de Fremont est décédé alors qu'il travaillait sur une ligne de production[44].

Un cas unique et isolé pour les entreprises de Musk ? Pas tout à fait. Reuters a rapporté[45] qu'un salarié de SpaceX est mort en 2014 sur le site texan, par manque de sécurité (il ne disposait pas de sangles pour transporter de la mousse isolante et a dû la maintenir dans une remorque durant un déplacement, se voyant projeté par une rafale de vent). L'agence note au passage que le constructeur de fusées a délibérément ignoré moult réglementations en matière de sécurité. Elle a comptabilisé plus de six cents blessures depuis ce décès de 2014. Et de décrire « un lieu de travail chaotique où le personnel, souvent sous-formé et fatigué, évite régulièrement les procédures de sécurité de base pour s'efforcer de respecter les délais serrés imposés par Musk ». L'important pour lui est la réalisation de sa conquête de Mars, tant pis pour la sécurité de ses salariés. Pis, plusieurs employés rapportent l'avoir plusieurs fois aperçu jouer avec un briquet lance-flammes dans les bureaux de SpaceX, et affirment qu'il décourage les travailleurs de porter des gilets jaunes de sécurité parce qu'il « n'aime pas les couleurs vives ».

---

43. Elon Musk, message sur Twitter/X.com, 22 mai 2018, *https://twitter.com/elonmusk/status/998984720783323136*
44. L'information, révélée par la chaîne locale KTVU en janvier 2022, est restée parcellaire, *https://www.ktvu.com/news/tesla-worker-dies-while-on-plants-powertrain-line-state-investigating*.
45. Marisa Taylor, Reuters, 2023, *https://www.reuters.com/investigates/special-report/spacex-musk-safety*.

Antisyndicat

L'OSHA a condamné SpaceX à prendre de nouvelles mesures de sécurité. Comme pour Tesla, l'application tarde à venir. Mais cela n'influe jamais sur le narratif de Musk. À propos de l'usine Tesla de Fremont, il clame par exemple haut et fort : « Notre dossier de sécurité est deux fois meilleur que lorsque l'usine était UAW [elle appartenait auparavant à General Motors, qui acceptait que ses employés se syndiquent à l'United Auto Workers, principal syndicat du secteur] et tout le monde reçoit déjà des soins de santé[46]. » De quoi faire le lien avec la bête noire d'Elon Musk dans ses habits de patron : les syndicats. Depuis plusieurs années, ses milliers de salariés envisagent de se syndiquer pour mieux faire entendre leurs droits. Mais le patron fait tout pour les empêcher. Aux États-Unis, les syndicats (« *unions* ») sont historiquement puissants, en particulier dans l'industrie automobile. Toutefois, pour pouvoir se syndiquer, la loi impose aux travailleurs d'organiser un vote interne à l'entreprise pour accepter – ou non – la présence de syndicats. C'est cette barrière à l'entrée (inexistante en France) qui empêche la création de fronts communs de travailleurs. Surtout que, par la magie des montages d'entreprises découpées entité par entité, usine par usine, ce vote doit se répéter dans chaque lieu d'emploi. « Ici, c'est de pire en pire, les patrons se sont passé le mot et sont tous devenus vicieusement antisyndicats », me glisse un important représentant syndical

46. Elon Musk, message sur Twitter/X.com, 21 mai 2018, *https://twitter.com/elonmusk/status/998454539941367808*.

américain. « Elon Musk est viscéralement opposé à toute création de syndicat, simplement parce que, comme ça, il peut virer qui il veut, quand il veut, et sans aucune conséquence, me dit aussi un autre représentant d'un syndicat américain de l'automobile. Ainsi, peu importe qu'il viole la loi, il fait ce qu'il veut. »

En 2018, lorsque l'incontournable syndicat américain de l'automobile UAW a voulu organiser un vote à l'usine de Fremont, le boss lance sur Twitter : « Pourquoi payer une redevance à un syndicat et perdre ses stock-options pour rien[47] ? », sous-entendant que les salariés perdraient leur bonus en actions s'ils se syndiquaient (ce qui est illégal). Dans le même temps, Tesla s'est offert[48] les services de la firme de relations publiques MikeWorldWide afin de surveiller sur les réseaux sociaux les salariés souhaitant se syndiquer – mais aussi les employés qui s'interrogeaient sur les pratiques salariales du constructeur automobile, et un cas de harcèlement sexuel. Un espionnage intervenu juste avant que Tesla ne limoge entre quatre cents et sept cents ouvriers[49] dans différentes usines, tous licenciés par surprise *via* un simple e-mail ou appel téléphonique, officiellement dans un objectif de réduction des coûts, officieusement afin de virer tous ceux travaillant à la création du syndicat. « J'ai été viré pour avoir essayé d'améliorer la vie de mes collègues, raconte Richard Ortiz,

47. Elon Musk, message sur Twitter/X.com, 21 mai 2018, *https://twitter.com/elonmusk/status/998454539941367808*.

48. Lora Kolodny, CNBC, 2022, *https://www.cnbc.com/2022/06/02/tesla-paid-pr-firm-to-surveil-employees-on-facebook-in-2017-union-push.html*.

49. Louis Hansen, *The Mercury News*, 2017, *https://www.mercurynews.com/2017/10/13/4819750*.

licencié à ce moment-là, lui qui était l'un des plus mobilisés pour la création d'une section syndicale à l'usine Tesla de Fremont. Chez Tesla, on devait bosser douze heures par jour, six jours par semaine, et sans poser de questions, pour 20 dollars de l'heure. J'ai vu des gars tellement flippés de perdre leur boulot qu'ils ne voulaient pas rater le moindre jour, même malades, ils bossaient, et vomissaient dans un seau. Personne n'était sûr de rester le mois prochain… Il n'y a aucune considération pour la sécurité. Et tout était dû à Elon Musk. Pour lui, on est des humains jetables. C'est pour ça qu'il faut des syndicats[50] ! » Mike Williams, un autre licencié, explique avoir simplement arboré un tee-shirt et un autocollant sur une bouteille d'eau affichant sa sympathie pour l'UAW : « Je ne veux pas penser que j'ai été viré pour ça… J'ai travaillé pour cette entreprise pendant cinq ans, souvent soixante-douze heures par semaine, et jamais je n'ai eu de problème lié à ma performance. » En 2022, l'équivalent de l'inspection du travail a considéré que Tesla a opéré des licenciements abusifs, imposant certaines réintégrations, dont celle d'Ortiz, et ordonnant à Musk d'effacer son tweet menaçant. L'entreprise a entamé plusieurs procédures judiciaires de contestation qui, pour l'heure, lui ont toutes donné tort, reconnaissant une violation de la loi sur les syndicats. Depuis, Elon Musk s'est voulu magnanime sur Twitter : « J'invite l'UAW à tenir un vote sur la création d'un syndicat. Tesla ne fera rien pour les en empêcher[51]. » Un message qui a dû

50. More Perfect Union, 2021, *https://perfectunion.us/fired-by-elon-musk-for-unionizing-at-tesla*.
51. Elon Musk, message sur Twitter/X.com, 3 mars 2022, *https://twitter.com/elonmusk/status/1499249339671089152*.

lui irriter les pouces. D'autant plus que les remous à l'usine de Fremont n'étaient que le premier exemple. Musk honnit les syndicats et tout ce qui a trait à la défense des salariés. À l'usine de Buffalo, près de New York, une douzaine de salariés Tesla ont été licenciés[52] juste après avoir averti le grand patron de l'organisation d'un vote pour la création d'un syndicat, Workers United. « C'est délirant, d'autant plus que le seul pouvoir d'un syndicat est d'obliger à engager des négociations, sans aucune obligation pour l'entreprise de suivre ce qui est réclamé par le syndicat, déplore un représentant syndical américain. Mais faire sans syndicat permet de ne même pas avoir cette obligation à négocier. » Tesla veut surtout éviter la médiatisation de ses conditions de travail par les syndicats. Et peut ainsi prendre les décisions les plus arbitraires possibles, sans crainte des conséquences.

Et cette stratégie s'exporte avec les voitures électriques. En Allemagne, à l'usine de Grünheide près de Berlin, où Tesla se refuse à appliquer le système de cogestion, une tradition outre-Rhin et une fierté, en particulier dans l'industrie. Aussi, plutôt que de créer une société de droit allemand, l'obligeant à déléguer des travailleurs à parité au conseil de surveillance, l'Américain a logé son activité dans une coquille vide enregistrée à Düsseldorf, profitant du statut de société européenne et s'affranchissant de l'obligation d'impliquer les syndicats dans certaines décisions stratégiques. Dans la foulée, le constructeur a créé un

52. Tesla dément cette information, portée devant l'équivalent fédéral de l'Inspection du travail, relate Bloomberg en février 2023, *https://www.bloomberg.com/news/articles/2023-02-16/tesla-tsla-fires-unionizing-workers-after-labor-campaign-complaint-alleges*.

comité d'entreprise (CE) maison, parti en guerre contre le puissant syndicat de l'automobile, IG Metall. Dans une lettre adressée au personnel, ce CE dénigre le syndicat, l'accusant de défendre « injustement » des salariés menacés de licenciement et de vouloir « encourager des actions » durant le temps de travail. « Nous n'avons jamais vu de telles problématiques dans d'autres entreprises, ni sous cette forme ni avec cette fréquence, déplore la responsable régionale du syndicat, Irene Schulz, à l'agence DPA. Les salariés sont inquiets de savoir s'ils ont le droit de parler avec IG Metall. »

Lors de leur embauche, les neuf mille employés de l'usine ont dû signer une déclaration de confidentialité, interprétée par le syndicat comme une obligation de se taire. IG Metall évoque aussi des heures supplémentaires débridées, une surcharge de travail importante, un manque de personnel, une mauvaise climatisation des ateliers, l'insuffisance d'espaces dédiés à la détente… Pas un hasard : Tesla est le seul constructeur automobile à refuser de signer une convention collective et à rejoindre l'association nationale des employeurs. La députée du SPD, Cansel Kiziltepe, regrette cet entêtement : « Nous voyons à quoi cela mène : surcharge de travail, insécurité et espionnage par la direction… Pourtant, le succès de l'économie allemande repose sur un partenariat social constructif entre les syndicats et les employeurs. Celui qui ne comprend pas cela a peut-être réalisé son investissement au mauvais endroit[53]. » Et Jörg Hofmann, patron

53. Dietmar Neuerer, *Handelsblatt*, 2023, *https://www.handelsblatt.com/politik/deutschland/gigafactory-gruenheide-ampelpolitiker-alarmiert-wegen-arbeitsbedingungen-vorwuerfen-gegen-tesla/28924158.html.*

d'IG Metall, de tacler auprès du groupe allemand de médias Funke : « Ce n'est pas parce que le propriétaire s'appelle Elon Musk que l'usine est différente des autres. Les conditions de travail, en particulier, ne devraient pas l'être[54]. »

Critiqué

Pourtant, c'est bien de ce patron autoritaire que provient l'opposition systématique aux représentants de salariés. En 2017, dans un e-mail aux salariés américains, il s'agaçait des « tactiques fallacieuses[55] » de l'UAW, tout en promettant aux employés, sans rire, que « au fur et à mesure que nous nous rapprocherons d'une entreprise rentable, nous pourrons offrir de plus en plus de choses amusantes – par exemple, nous allons organiser une fête vraiment incroyable [...] avec des stands de yaourts glacés gratuits [et] une montagne russe ». Une fête foraine plutôt qu'une amélioration des conditions de travail ? Pas sûr que cela suffise à convaincre les employés qui, face aux profits records, semblent plutôt espérer des hausses de salaires.

Sur plus d'un millier d'avis sur le site Glassdoor, la grande majorité des actuels ou anciens travailleurs louent l'assurance santé du constructeur (un critère incontournable aux États-Unis) tout en critiquant leur paie « moyenne » au regard des nombreuses heures de travail attendues. Plus que les syndicats, ce sont d'ailleurs les

54. Pierre Avril, *Le Figaro*, 2023, *https://www.lefigaro.fr/societes/en-allemagne-elon-musk-snobe-les-syndicats-20230215*.
55. Darrell Etherington, *TechCrunch*, 2017, *https://techcrunch.com/2017/02/24/elon-musk-addresses-working-condition-claims-in-tesla-staff-wide-email*.

salariés qui parlent le mieux de Musk dans ses habits de patron. Et le portrait n'est pas flatteur. Un employé de Tesla depuis quatre ans, basé à Fremont, me résume : « J'ai postulé chez Tesla pour Elon Musk. Je crois que c'est une inspiration, qu'il veut vraiment changer le monde. J'avais envie de faire partie de son entreprise innovante. Hélas, j'ai découvert combien il se moque des employés et de leur bien-être, combien il rogne sur le salaire, n'octroie aucun bonus et impose des horaires exténuants. Je m'apprête à démissionner pour trouver un meilleur job. » Un ex-employé, qui a tenu moins de deux ans, renchérit : « Les orientations stratégiques changent tout le temps. Les managers n'arrivent pas à décider quoi que ce soit, ils sont tétanisés par les critiques que pourrait émettre Elon. Au final, personne ne cherche à corriger ce qui ne va pas et il est impossible de proposer des améliorations. Tout le monde dit tout le temps qu'il n'a "pas de bande passante", qu'il n'a pas de temps à consacrer à telle ou telle proposition. Tout le monde est pressurisé et il n'y a pas de place pour la créativité. »

L'ambiance semble plus sereine chez SpaceX, du moins en apparence. Contactés, certains salariés se laissent volontiers aller à quelques critiques à l'encontre du big boss – toujours sous couvert d'anonymat. « Elon n'est pas humain, me raconte un ex-employé qui a passé plus de trois ans chez SpaceX, à Cape Canaveral en Floride. On bosse beaucoup, tout le temps, les heures supp' s'accumulent, sans aucune pause. Et pour une paie bien inférieure aux autres sociétés du spatial. » Un autre, ancien technicien qui a passé deux ans à Hawthrone en Californie, poursuit : « C'est vraiment éreintant. Notre pause déj' est chronométrée, on a quinze minutes, pas plus… » Une ancienne de SpaceX, basée elle à Titusville en Floride et qui est restée cinq ans, déplore la désorganisation générale: « Elon est extraordinaire, mais tous ceux entre vous et Elon ne le sont pas… 90 % des salariés sont des jeunes diplômés, surexploités, motivés uniquement par la philosophie d'Elon, et qui acceptent tout – une quantité de travail gigantesque, des journées de travail de dix à douze heures, une paie ridicule… Et quand ils sont essorés, ils se font virer, pour laisser la place à de la viande fraîche. »

Ogre

Toute cette mécanique découle de la philosophie d'ogre d'Elon Musk. Le magnat ne fait preuve d'aucune compassion, jamais, et se montre toujours prêt à écraser celui qui pourrait lui nuire, même un tant soit peu. Walter Isaacson relate une confidence: « Honnêtement je ne suis pas au top de ma forme. […] Ce n'est pas possible d'être constamment à se battre pour survivre, toujours en mode adrénaline, sans que ça fasse du mal. Mais il y a autre chose que j'ai découvert cette année. C'est que se battre pour survivre, ça permet de tenir le coup pas mal de temps. Quand vous n'êtes plus en mode survivre ou mourir, ce n'est pas facile d'être motivé tous les jours[56]. » Le biographe y perçoit « une mentalité d'assiégé » héritée de son enfance en Afrique du Sud. Mais ce qu'il ne dit pas, c'est combien ce comportement se révèle dévastateur pour tous ceux qui croisent cet ange exterminateur.

56. Walter Isaacson, *op. cit.*

Surtout que Musk se révèle être un agité de la gâchette judiciaire. Au moindre désagrément, il n'hésite pas à envoyer ses avocats. Par exemple, lorsque la Californie a décrété un confinement lors de la pandémie de Covid-19, le patron n'a pas seulement qualifié la décision de « fasciste », il a aussi intenté un procès au département de santé du comté d'Alameda qui n'a pas voulu reconnaître son usine Tesla comme « commerce essentiel » pour l'autoriser à rester ouverte – la procédure n'aura jamais lieu, ses avocats n'ont pas réussi à monter un dossier et se sont finalement retirés. Dans le même genre, lorsque SpaceX s'est vu accusé par le ministère américain de la Justice de discrimination à l'embauche (refusant systématiquement les non-citoyens américains), la firme a répliqué en intentant un procès au ministère, clamant que cette analyse est « inconstitutionnelle ».

L'arme juridique, comme bon moyen de dévoyer une polémique. Et cela ne concerne pas que les institutions, mais bien tous ceux qui se mettraient en travers du chemin d'Elon Musk. Qu'il s'agisse d'individus isolés ou d'ONG. Le multimilliardaire poursuit ainsi Jack Sweeney, l'étudiant en informatique qui s'amuse à traquer son jet privé. Ou encore une association britannique de lutte contre la désinformation, le Center for Countering Digital Hate (CCDH), accusée d'avoir « mené une campagne qui effraie les annonceurs ». Ce dernier cas est typique : l'homme n'a pas supporté que ses décisions erratiques après le rachat de Twitter (allant jusqu'à évoquer[57] très sérieusement des options pour trouver l'amour sur le réseau) conduisent

57. Kali Hays, Business Insider, 2023, *https://www.businessinsider.com/elon-musk-wants-x-to-be-dating-app-leaked-meeting-2023-10? r=US&IR=T.*

à un effondrement des revenus de la plate-forme. Après l'explosion des messages haineux sur celle-ci, nombre de publicitaires se sont retirés ou ont suspendu leurs annonces. « Nous demeurons extrêmement vigilants sur l'évolution de Twitter, m'expliquait Bertille Toledano, présidente de l'agence de pub BETC et coprésidente de l'Association des agences-conseils en communication (AACC). Si la plate-forme opte pour l'absence de modération et n'est plus que propos haineux, racistes, homophobes, alors oui, les annonceurs, dont les publicités interagissent avec ces contenus, pourraient cesser de l'utiliser[58]. » Moins de quatre mois après le rachat, 62,5 % des plus gros annonceurs sur Twitter (dont Coca-Cola, Unilever, Jeep, Merck, etc.) ont stoppé leurs publicités. De quoi provoquer l'ire du nouveau patron, qui a décidé de poursuivre en justice… le CCDH, qui a analysé la hausse des messages haineux. Et de sortir l'artillerie lourde : « Allez vous faire foutre, est-ce que c'est clair ? » a-t-il lancé en direction des publicitaires qui boycottent le réseau social, lors d'une conférence[59]. L'offensive s'est faite particulièrement virulente contre le P.-D.G. du géant Disney, Bob Iger : « Si quelqu'un veut me faire chanter avec de la publicité ou de l'argent, qu'il aille se faire foutre […] Ce que ce boycott publicitaire va faire, c'est tuer [Twitter]. » Et, dans les jours suivants, de dérailler complètement en assenant que « les responsables

58. Boris Manenti, *L'Obs*, 2022, *https://www.nouvelobs.com/numerique/20221104.OBS65492/twitter-elon-musk-fait-il-deja-fuir-les-annonceurs.html*.
59. Lors du DealBook Summit, organisé par le *New York Times*, le 30 novembre 2023.

marketing soutiennent le trafic d'enfants[60] », ou que « Bob Iger pense qu'il est cool de diffuser des publicités à côté de contenus liés à l'exploitation sexuelle des enfants[61] ».

Le mot d'ordre est clair : tout ce qui pourrait nuire aux intérêts d'Elon Musk doit être passé à la moulinette de la machine judiciaire. Cela vaut jusque dans la sphère privée, puisqu'il n'hésite pas à poursuivre son ancienne compagne Grimes devant un tribunal texan[62] pour réclamer de nouveaux droits de garde pour leurs trois enfants (une démarche qui concerne les parents non mariés[63]). Plus largement : la machine Musk n'entend pas se laisser déstabiliser et créer le moindre précédent. Exemple en France : en 2015, Bruno, un taxi indépendant de Villejuif (Île-de-France), s'offre une Model S pour la coquette somme de 79 140 euros. Sauf que celle-ci enregistre de (très) nombreux dysfonctionnements et autres pannes. Il sera notamment nécessaire de changer cinq fois les poignées de porte… Bruno tente bien de faire jouer la garantie, mais le constructeur refuse la moindre prise en charge des réparations (il en aura pour plus de 10 000 euros). Téméraire, le taxi porte l'affaire devant les tribunaux, dénonçant un vice caché. Et Tesla de déployer alors toute sa puissance

60. Elon Musk, message sur Twitter/X.com, 7 décembre 2023, *https://twitter.com/elonmusk/status/1732785900071915520*.

61. Elon Musk, message sur Twitter/X.com, 7 décembre 2023, *https://twitter.com/elonmusk/status/1732773421610606801*.

62. Jack Newsham et Grace Kay, Business Insider, 2023, *https://www.businessinsider.com/musk-asked-for-relationship-grimes-kids-in-secret-lawsuit-2023-10*.

63. Grimes a répliqué avec une action en justice similaire devant un tribunal californien, après s'être énervée sur Twitter/X.com en disant : « Dites à Elon de me laisser voir mon fils ou de répondre à mon avocat » (message supprimé par la suite).

juridique pour écraser l'indépendant, Bruno se voyant finalement débouté.

Ce cas n'est pas isolé. À Bordeaux, Zachary, également taxi indépendant, a vécu une histoire similaire. En 2018, il acquiert une Model X pour 132 000 euros. Sauf que celle-ci est pleine de défauts – une expertise conclut à « des malfaçons lors de l'assemblage, lors de la mise en peinture et lors de la préparation du bien avant livraison ». Tesla propose un échange. Sauf que la nouvelle voiture présente les mêmes malfaçons, de nouveau constatées par un expert. Zachary réclame alors un remboursement, ce que refuse le constructeur. Devant les tribunaux, Zachary ne résistera pas devant la montagne de procédures déployée par Tesla, et se voit finalement débouté. *Homo homini lupus est* (« L'homme est un loup pour l'homme »).

Le faux anarchiste

« *Je suis un anarchiste utopique.* »
Elon Musk sur Twitter/X.com, 2018

« Libertarien. » Voilà une autre étiquette régulièrement accolée à Elon Musk. Toutefois, à l'inverse de son compère de PayPal, Peter Thiel, qui clame régulièrement son affiliation à ce courant de pensée américain, le multipatron ne l'a jamais clairement revendiqué. Il s'inscrit toutefois cette ligne politique, qui promeut un individualisme radical et une opposition à toute forme de contrainte – en particulier de l'État. « Je ne veux aucun État[1] », clame-t-il volontiers. Et se fend de diatribes du genre : « Chaque année qui passe s'accompagne de nouvelles règles. Et même si tous les humains meurent, les lois et les règlements sont immortels. Ainsi, chaque année qui passe, nous nous attachons de plus en plus de ficelles, jusqu'à ce

1. Guillaume Grallet, *Le Point*, 2016, *https://www.lepoint.fr/economie/elon-musk-l-homme-qui-veut-nous-envoyer-sur-mars-04-02-2016-2015289_28.php*.

que, comme Gulliver, nous ne puissions plus bouger[2]. » Ou lorsqu'il se dit « être un absolutiste de la liberté d'expression[3] ». C'est son « combat » depuis qu'il s'est pris à racheter Twitter pour en faire « la plate-forme de la liberté d'expression dans le monde ». Tous les libertariens ont applaudi ce nouveau porte-étendard qui promet l'absence de toute limitation à ce qu'ils considèrent comme un droit fondamental. Sauf que la liberté d'expression à la sauce muskienne laisse un goût âpre.

« Twitter, ce vieux truc des années 2000, ne mérite plus qu'on s'y intéresse. C'est devenu n'importe quoi, un ramassis de haine désincarnée. Ce site est mort, il n'y a plus de raison de s'y intéresser[4] », me lance l'écrivain français Thierry Crouzet. Cet acerbe critique est connu pour avoir été le premier à publier sur le réseau social un long roman, *La Quatrième Théorie*, à raison de cinq mille deux cents messages postés entre décembre 2008 et avril 2010. Une expérience créative, inscrite dans le mouvement que l'on qualifiait alors de *#Twittérature*, qui attirait de nombreux écrivains, auteurs et scénaristes. Las, dix ans plus tard, l'inventivité est apathique sur la plate-forme. Twitter a évolué vers toujours plus de sensationnalisme, d'invectives et d'idées préconçues. Ce café du commerce virtuel a troqué sa quête de partage d'informations pour une expression extrêmement polarisée. Cette mue a

2. Elon Musk, message sur Twitter/X.com, 28 octobre 2023, *https://twitter.com/elonmusk/status/1718209584534270275*.

3. Elon Musk, message sur Twitter/X.com, 5 mars 2022, *https://twitter.com/elonmusk/status/1499976967105433600*.

4. Boris Manenti, *L'Obs*, 2023, *https://www.nouvelobs.com/economie/20230802.OBS76504/j-utilise-twitter-du-bout-des-doigts-les-ecrivains-hagards-face-aux-changements-imposes-par-elon-musk.html*.

commencé par l'élection de Donald Trump à la présidence des États-Unis, lui qui a fait du réseau son principal canal de communication. Et, dans son sillage, nombre de ses électeurs se sont entichés de Twitter, dont Elon Musk. Le patron y partage les accomplissements de ses entreprises, son avis sur tout et n'importe quoi, depuis son jeu vidéo favori jusqu'à son regard sur le conflit israélo-palestinien, et multiplie les « blagues » potaches. Ce virage, même le réseau social l'a constaté : en octobre 2021, il mène une grande étude[5] sur les publications de politiques de sept pays (dont la France), et relève que « le courant de droite bénéficie d'une amplification algorithmique plus élevée que celui de gauche ». De même, l'algorithme favorise aux États-Unis les médias d'information classés à droite, comme Fox News ou Breitbart.

C'est dans ce contexte qu'Elon Musk se met en tête de reprendre Twitter. Début 2022, il se sent au sommet du monde : ses entreprises remportent tous les succès possibles et battent des records de valorisation, leurs stratégies semblent rodées pour les années qui viennent, tandis qu'une vente de titres vient de lui rapporter 10 milliards de dollars. « Je n'avais pas envie de juste laisser cet argent à la banque, raconte-t-il à son biographe, alors je me suis demandé quel produit j'aimais bien, et la réponse était simple, c'était Twitter[6]. » Il s'offre d'abord un siège du conseil d'administration, devenant le premier actionnaire de la société (grâce à 9,1 % des actions raflées pour 2,64 milliards de dollars), avant de critiquer vertement

5. Luca Belli, Twitter, 2021, *https://blog.twitter.com/en_us/topics/company/2021/rml-politicalcontent.*
6. Walter Isaacson, *op. cit.*

et publiquement les dirigeants du site et de se dire prêt à l'acquérir intégralement pour 43 milliards de dollars (soit 54,20 dollars l'action, référence à « 420 », expression américaine qui désigne la consommation de cannabis), dans une sorte d'OPA hostile bancale dont le financement semble incertain et alors qu'il ne cesse de médire du fonctionnement interne de l'entreprise. S'ensuivent les débuts d'une bagarre juridique, lorsque Musk renonce au rachat après s'être aperçu que le prix proposé à la hâte s'avère peut-être trop généreux dans un contexte de chute boursière des valeurs technologiques. Néanmoins, la crainte de perdre le procès et de se voir forcé d'acquérir le réseau lui impose une énième volte-face. Fin octobre 2022, le voilà propriétaire du réseau social et de tonner : « L'oiseau a été libéré[7]. » En référence au logo d'oiseau bleu de la plate-forme et à sa promesse d'instaurer une liberté d'expression absolue. La réalité s'avère bien autre.

Censeur

À partir du rachat, Twitter se retrouve pris dans la tourmente des caprices de son nouveau proprio. Qui, en plus de congédier plus de la moitié des salariés, ne sait pas bien quelle stratégie adopter, multipliant les changements de manière erratique. Twitter est devenu un jouet, qui voit un jour des milliers de comptes bannis rétablis, et le lendemain des voix critiques à l'égard d'Elon Musk

7. Elon Musk, message sur Twitter/X.com, 28 octobre 2022, *https://twitter.com/elonmusk/status/1585841080431321088.*

censurées. Le grand manitou a réclamé le blocage de certains journalistes américains après des articles sur sa personne (notamment Drew Harwell du *Washington Post*, Ryan Mac du *New York Times*, Donie O'Sullivan de CNN, Linette Lopez du site Business Insider, ou le freelance Aaron Rupar). Pis, il impose aussi de ralentir l'accès[8], depuis Twitter, à des sites extérieurs, aussi bien des concurrents que le quotidien *New York Times* ou l'agence Reuters. En interne, on l'a vu, il agit en véritable dictateur-censeur. Yoel Roth, alors directeur de la sécurité du réseau social, raconte combien le nouveau proprio voulait que l'on « enlève toutes les insultes, nous poussant à adopter une position [de modération] bien plus agressive qu'auparavant, mettant fin à la liberté d'expression[9] ». Comme lorsqu'il ordonne de suspendre tous les comptes de ceux qui appellent à boycotter Twitter ou les entreprises de Musk, dans un élan qui « ne colle pas du tout, bien sûr, avec la défense de la liberté d'expression qu'il professe », note Walter Isaacson. « J'ai réussi à repousser certaines demandes d'Elon », poursuit Roth, qui raconte « passer chaque jour de plus en plus de temps à traiter des décisions impulsives et erratiques ».

Autre exemple désolant : il décide de supprimer la certification des comptes de certaines « personnalités[10] » pour

8. Jeremy B. Merrill et Drew Harwell, *Wall Street Journal*, 2023, *https://www.washingtonpost.com/technology/2023/08/15/twitter-x-links-delayed*.

9. James Jacoby, Fontline, 2023, *https://www.pbs.org/wgbh/frontline/documentary/elon-musks-twitter-takeover*.

10. En qualité de journaliste, j'ai pu en bénéficier contre l'attestation de mon identité auprès des équipes de Twitter. Cette certification, symbolisée par une coche bleue, n'offrait aucun avantage si ce n'est l'indication aux internautes que mon identité n'était pas usurpée.

la proposer sous forme d'abonnement payant (à 9,68 euros par mois). Les utilisateurs qui déboursent le pécule bénéficient ensuite d'options supplémentaires et se voient mis en avant par l'algorithme. Comme anticipée par nombre d'observateurs, cette méthode a ouvert la voie à des vagues de désinformations sur le réseau. Le moment le plus visible s'avère la reprise du conflit israélo-palestinien, après l'assaut mené par le Hamas en Israël, le 7 octobre 2023. À l'inverse des précédents conflits, les images et contenus provenant directement du terrain se sont révélées rares – les médias et journalistes se voyant malmenés par la nouvelle présentation décidée par le patron, et la plupart des habitants ont fait face à des difficultés d'accès internet et ne partageaient pas forcément leurs messages en anglais. D'où la mise en avant de faux contenus partagés par des utilisateurs payant l'abonnement – l'organisation de lutte contre la désinformation NewsGuard a évalué[11] que 74 % des fausses informations les plus populaires sur le réseau social ont été partagées par ces comptes dits « vérifiés ». On a vu aussi bien des images de jeux vidéo présentées comme une attaque du Hamas que des vidéos de feux d'artifice en Algérie mis en avant comme des frappes israéliennes sur la bande de Gaza. Ou encore un photomontage du footballeur Cristiano Ronaldo brandissant un drapeau palestinien. Pour conjurer l'absence de réelle modération (les équipes ont été réduites à néant par Musk), la nouvelle direction a contrecarré le problème avec les « notes de communauté » permettant à un

11. Jack Brewster, Sam Howard, et Becca Schimmel, NewsGuard, 2023, *https://www.newsguardtech.com/fr/misinformation-monitor/octobre-2023*.

utilisateur d'indiquer aux autres si une publication prête à confusion. Or un tour sur ces notes durant le conflit israélo-palestinien permet de constater combien les fausses informations épinglées sont systématiquement partagées par des utilisateurs payant l'abonnement. Le pire dans cette affaire est peut-être la réaction d'Elon Musk qui, face à cette masse de désinformation, intime lui-même ses 150 millions d'abonnés à « suivre la guerre en temps réel [avec] @WarMonitors et @sentdefender[12] ». Renvoyant vers deux comptes notoirement connus pour diffuser de fausses informations – le premier partage même des messages antisémites. « Les modifications apportées par Elon Musk à la plate-forme profitent entièrement aux terroristes et à la propagande de guerre. Il faut maintenant beaucoup de travail pour déterminer qui dit la vérité et qui ne la dit pas[13] », résume Emerson Brooking, chercheur au laboratoire en criminalistique numérique de l'Atlantic Council.

« Elon Musk a achevé sa mue de défenseur de la liberté d'expression en champion de la désinformation », tacle volontiers Vincent Berthier, de l'ONG Reporters sans frontières. En France, un collectif lancé par Tristan Mendès France, Julien Pain et Rudy Reichstadt, spécialistes de la lutte contre la désinformation, a ainsi appelé l'ensemble des utilisateurs à une « grève du tweet », dénonçant la direction prise par la plate-forme, auparavant plébiscitée comme une agora mondiale. « Une modération moins stricte ne fait pas progresser la liberté d'expression : elle favorise la liberté des extrémistes au détriment de celle de

12. Il a supprimé son message sur Twitter/X.com par la suite.

13. David Gilbert, *Wired*, 2023, *https://www.wired.com/story/x-israel-hamas-war-disinformation*.

la majorité silencieuse, disent-ils. Elle ouvre la porte à la propagation de fausses informations, au harcèlement et à la division. Pensons aux voix qui sont étouffées lorsque la haine se propage sans contrôle. » Cette inquiétude est partagée outre-Atlantique, avec une volonté du gouvernement de Joe Biden de s'inspirer des nouvelles réglementations européennes pour contraindre les réseaux sociaux à plus de contrôle. Laetitia Avia, ancienne députée La République en Marche, devenue conseillère du Parti démocrate aux États-Unis pour la régulation des réseaux sociaux, me raconte : « En 2024, la moitié de la planète va vivre en période électorale. Quand on voit l'importance qu'ont pris les réseaux sociaux dans le schéma démocratique, aussi bien dans la transmission des informations que dans la potentielle contestation des élections, s'il n'y a pas une intervention forte pour préparer les choses avant les élections, alors on pourrait avoir la moitié du monde déstabilisée en fonction de ce qu'Elon Musk aura pris au petit déjeuner… Il a montré que s'il se réveille un matin et dit : “Je veux couper le compte du *New York Times*”, alors il le fait. […] Il a montré comment, par son management, par la réouverture de comptes néonazis, par la façon dont ses décisions changeaient plusieurs fois au fil de la journée, il s'imposait en figure autocratique. Or on ne peut pas avoir un outil de communication aussi large fonctionner de manière autocratique dans une démocratie[14]. » En attendant, la Commission européenne a ouvert une enquête contre Twitter/X.com pour la diffusion de « fausses

---

14. Boris Manenti, *L'Obs*, 2023, *https://www.nouvelobs.com/economie/20230825.OBS77340/si-l-europe-est-efficace-dans-sa-regulation-d-internet-alors-les-etats-unis-suivront.html.*

informations, contenus violents et à caractère terroriste et discours de haine ». Le réseau social encourt une amende pouvant monter à 6 % de son chiffre d'affaires global. De quoi hérisser Elon Musk qui a suggéré en privé – il l'a démenti de manière publique – qu'il pourrait décider de simplement bloquer Twitter/X.com en Europe. La fuite comme solution muskienne ? On ne saurait que conseiller au patron de relire Ayn Rand, philosophe américaine et référence des libertariens : « La pensée est la vertu première de l'homme, de laquelle toutes les autres découlent. Et son vice premier, la source de tous ses maux, est cet acte inqualifiable que vous pratiquez tous en refusant obstinément de l'admettre : la fuite, la suspension intentionnelle de la conscience, le refus de penser[15]. »

Inspiration

La pensée d'Elon Musk est complexe à cerner, brouillonne, faites de multiples allers-retours et circonvolutions sans liens forcément apparents. Aussi, pour mieux l'appréhender, il est intéressant d'observer ses influences. Et, s'il rejette l'ascendant paternel dans ses idées, Musk revendique plus volontiers la fascination suscitée par son grand-père maternel, Joshua Haldeman. Il n'a jamais vraiment connu ce Canadien, mais la manière dont sa mère Maye idolâtre son père a sûrement beaucoup joué. L'homme était un excentrique, devenu chiropracteur comme ses parents (la légende familiale veut que la chiropraxie ait permis à son

15. Ayn Rand, *La Grève*, Les Belles Lettres, 2011.

père, John Elon Haldeman, de survivre pendant cinq ans à un vilain diabète), et surtout un passionné d'aviation qui possédait son propre avion dans lequel il chargeait toute sa famille pour des excursions en Amérique du Nord (il en tira un livre autoédité, *The Flying Haldemans: Pity the Poor Private Pilot*[16]). Jusqu'à ce qu'il perde tout avec la crise de 1929. Son fils, Scott Haldeman, raconte au *Monde* : « Il a tout perdu pendant la Grande Dépression, y compris sa grande ferme. Mon père pensait que les forces de l'argent avaient orchestré la Grande Dépression et la Seconde Guerre mondiale. Il était très à droite, en ce sens[17]. » Tendance complotiste.

Déclassé, Joshua Haldeman s'engage en politique : il prend la tête de la branche canadienne de Technocracy Incorporated, un mouvement aux confins de l'extrême droite promouvant un ordre social technocratique, où il n'y aurait ni politiciens, ni hommes d'affaires capitalistes, ni argent, ni inégalités de revenus. Dans cette techno-utopie, qui aurait pris place aux États-Unis et au Canada, tout le monde serait logé et nourri, les revenus partagés, que vous ayez un emploi ou non, le tout dirigé uniquement par des « experts », c'est-à-dire des scientifiques et des ingénieurs. D'où le surnom de « soviet des techniciens » pour ce mouvement, qui fut interdit en 1940 par les autorités canadiennes, après son opposition à la participation du pays à la Seconde Guerre mondiale,

16. (Litt.) *Les Haldeman volants. Ayez pitié du pauvre pilote privé*, 1974, non traduit.
17. Arnaud Leparmentier, « De Pretoria à San Francisco, Elon Musk et l'esprit des pionniers », *Le Monde*, 2021, https://www.lemonde.fr/series-d-ete/article/2021/07/20/de-pretoria-a-san-francisco-elon-musk-et-l-esprit-des-pionniers_6088824_3451060.html.

et par crainte d'éventuelles activités révolutionnaires – Joshua Haldeman sera jugé pour son appartenance à ce groupe. Désabusé face à un Canada qu'il juge trop socialiste, il embarque toute sa famille en 1949 vers une terre plus conservatrice : l'Afrique du Sud, où vient de s'institutionnaliser le régime d'*apartheid*.

Les aventures de la famille Haldeman se poursuivront en Afrique, en Europe, en Asie, en Australie… « Elon a fait des choses extraordinaires sur le plan industriel, mais son grand-père en a fait tout autant dans le domaine de l'aventure, poursuit son fils Scott. Il a inspiré tout le monde. Vous ne pouvez pas vivre dans la famille sans connaître ses aventures, son sens éthique du travail et le sentiment que vous pouvez faire tout ce que vous voulez et que vous devriez le faire. » Et Maye Musk d'appuyer : « Mon père disait toujours : “Il n'y a rien qu'un Haldeman ne puisse faire.” Et c'est ce que j'ai toujours cru. J'ai probablement transmis cela à mes propres enfants[18]. »

Joshua Haldeman décède en 1974, à 72 ans : il se brise la nuque lors d'un atterrissage raté avec son avion. La famille narre volontiers ses aventures, moins ses idées politiques bien arrêtées, ou encore sa « méthode » d'éducation particulière qui consiste en une sorte de laisser-faire complet. Ses enfants n'étaient jamais punis, Haldeman estimait qu'ils trouveraient eux-mêmes leur voie vers le bon comportement. De même, lorsqu'il partait avec sa femme pour ses aventures extraordinaires, les cinq enfants restaient seuls à la maison. « Les gens nous trouvaient bizarres parce que nous faisions les choses à

18. Maye Musk, *op. cit.*

notre manière », résume Maye Musk. Elle concède avoir une approche similaire à celle de ses parents dans l'éducation. Tandis qu'Elon Musk, gavé des récits de voyage et d'innombrables diaporamas, revendique un héritage direct de son grand-père dans sa tolérance au risque. Et il semble avoir été grandement inspiré par la philosophie libertarienne de Joshua Haldeman.

Mi-2019, il évoque, à propos de la fusée *Starship* de SpaceX: « Nous accélérons le développement de *Starship* [avec l'ambition] de construire la technocratie martienne[19]. » Et d'entonner « Anarcho-syndicalisme pour les vainqueurs ! » avant de partager une image (de la Lune) accompagnée de la mention « Occupons Mars ! » Cette référence à la technocratie peut apparaître comme un moment de rigolade sur le Twitter d'Elon Musk, mais elle montre aussi comme le fait qu'il a bien étudié ce mouvement des années 1930. Illustration lors du World Government Summit, en 2017 à Dubaï, où il a très sérieusement expliqué que le rythme des changements technologiques conduira à « un énorme défi social et, en fin de compte, nous devrons avoir une sorte de revenu de base universel. [À l'avenir], il y aura de moins en moins de tâches qu'un robot ne pourra pas faire. […] Avec l'automatisation, l'abondance viendra[20] ». Un vocable et une thématique qui renvoient aux paroles de Howard Scott, le fondateur et leader de Technocracy Incorporated. En 1936, dans une

19. Elon Musk, message sur Twitter/X.com, 23 juin 2019, *https://twitter.com/elonmusk/status/1142890265369202688*.

20. Elon Musk, World Government Summit, 2017, *https://www.worldgovernmentsummit.org/observer/articles/2017/detail/elon-musk-on-why-the-world-needs-a-universal-basic-income*.

adresse à la radio, il promouvait ainsi : « Il n'y a qu'un seul problème auquel ce pays est confronté : c'est de savoir si nous devons maintenir ce système [...] qui s'accompagne de 12 millions de chômeurs et de 20 millions de personnes à charge, d'une insécurité économique, d'une insuffisance du pouvoir d'achat, d'une mauvaise santé et d'une malnutrition générale [...] ou [voulons]-nous l'instauration d'une ère technologique d'abondance, avec une garantie de sécurité pour tous, avec des conditions équitables et adéquates de pouvoir d'achat pour consommer. »

Interprète

Dans une série de podcasts[21], Jill Lepore, historienne à l'université d'Harvard et rédactrice pour le *New Yorker*, estime que l'idéologie d'Elon Musk découle en grande partie des vues farfelues et démodées de la « technocracie » promue par son grand-père. Le tout mâtiné de son goût pour la science-fiction. « Il s'agit d'un nouveau type de capitalisme extravagant et extrême – le "Muskisme" – où le cours des actions sont déterminés par les bénéfices, mais aussi par des fantasmes issus de la science-fiction », résume Lepore. Sauf qu'« une grande partie de ce dont il semble s'inspirer comme si c'était utopique, était en fait dystopique ». L'historienne démontre ainsi comment Musk a mêlé ces deux influences dans ce récit futuriste qu'il vend

21. Jill Lepore, *The Evening Rocket*, Pushkin Industries - BBC, 2021, ***https://*** *www.pushkin.fm/podcasts/elon-musk-the-evening-rocket.*

aux investisseurs. Seulement, en matière de science-fiction, il a interprété ses lectures complètement de travers.

« Je suis un anarchiste utopique du genre le mieux décrit par Iain Banks[22] », clame Musk en 2018, avant de recommander la lecture du *Cycle de la Culture* par l'auteur écossais, un space opera qui dresse le tableau d'une société galactique anarchiste, richissime et hédoniste. Pas sûr que le milliardaire ait bien compris le sens de ce qu'il vante. D'abord, Banks était l'incarnation de tout ce qu'il honnit : un socialiste revendiqué, membre du PS écossais, résolument antiguerre (il s'est opposé à l'intervention en Irak, a déchiqueté son passeport et l'a envoyé au 10 Downing Street en signe de protestation), et un soutien actif des syndicats. Lorsqu'un internaute le lui fait remarquer, Musk réplique : « Iain n'était certainement pas prosyndicat dans la Culture. Du tout. Et ne le serait pas dans le cas de Tesla. Banks était pour la liberté de bout en bout[23]. » Une vision totalement erronée.

L'œuvre elle-même promeut des valeurs socialistes et cette idée que la société devrait tendre vers un bien collectif, objectif poursuivi dans la Culture par « des hippies avec des hyperarmes et une profonde méfiance à la fois envers la marchandisation et la cupidité ». Et puis, Iain Banks le dit lui-même. Dans une série d'entretiens réalisés entre 2010 et 2013, peu avant sa mort, et publiés par le magazine spécialisé *Strange Horizons*, il explicite : « À moins que je n'aie profondément mal compris sa position,

22. Elon Musk, message sur Twitter/X.com, 17 juin 2018, *https://twitter.com/elonmusk/status/1008120904759402501*.
23. Elon Musk, message sur Twitter/X.com, 17 juin 2018, *https://twitter.com/elonmusk/status/1008389798740963329*.

je méprise les libertariens américains. Est-ce que ces gens ont sérieusement regardé les problèmes du monde et se sont dit : “Hmm, je crois que ce dont nous avons besoin est d'un peu plus d'égoïsme ? ” Quel aspect de l'absence de propriété privée et de l'absence d'argent dans les romans de la Culture ces gens ont-ils manqué ?[24] »

Autre illustration de cette incompréhension avec *Le Guide du voyageur galactique* de Douglas Adams, qu'Elon Musk hisse dans son panthéon. Il prévoit d'ailleurs de nommer la première fusée SpaceX qui partira pour Mars d'après le vaisseau spatial de l'histoire, « Cœur en Or », et s'y réfère pour son intelligence artificielle Grok. L'ouvrage, surnommé *H2G2*, est surtout connu pour son histoire : une planète dont les habitants ont construit un super-ordinateur ultra-puissant, afin de lui poser « la grande question sur la vie, l'Univers et le reste », et qui répond finalement : « Quarante-deux. » Musk assure que l'ouvrage lui a appris que « si vous pouvez formuler correctement la question, alors la réponse est la partie la plus facile ». Sauf qu'il ne retient que la leçon la plus élémentaire du livre.

Parce que l'œuvre, qui a commencé comme un programme radio sur la BBC en 1978, est avant tout une critique acerbe des inégalités. « Loin dans les brumes des temps anciens, aux grands et glorieux jours de l'ancien Empire galactique, la vie était sauvage, riche et, dans l'ensemble, exempte d'impôts, entonne ainsi le narrateur au début du premier épisode radio[25]. Beaucoup d'hommes,

24. Jude Roberts, *Strange Horizons*, 2014, *http://strangehorizons.com/non-fiction/articles/a-few-questions-about-the-culture-an-interview-with-iain-banks*.
25. Les douze épisodes radio, diffusés entre 1978 et 1980 sur la BBC, sont disponibles sur internet, *http://www.radionouspace.net/programs/hitchhikers-guide*.

bien sûr, sont devenus extrêmement riches, mais c'était parfaitement naturel et il n'y avait pas de raison d'en avoir honte car personne n'était vraiment pauvre, du moins, personne qui valait la peine d'en parler… » Et l'historienne Jill Lepore de remettre cela en perspective dans le *New York Times*: « *Le Guide du voyageur galactique* est, en d'autres termes, une mise en accusation étendue et très, très drôle de l'inégalité économique […] Douglas Adams critique particulièrement les méga-riches, avec leurs fusées privées, qui établissent des colonies sur d'autres planètes[26]. » Suivez son regard.

Dystopique

Une grande partie de la science-fiction est une mise en abîme d'une réalité actuelle qu'elle entend dénoncer (*La Guerre des mondes* d'H. G. Wells n'est-elle pas une vive critique de l'impérialisme britannique qui colonisait alors l'île de Tasmanie, exterminant au passage la population indigène ?) et, bien souvent, le genre se veut un avertissement sur la façon dont une avancée scientifique pourrait faire basculer nos vies dans une forme de domination. Sauf que cet avenir dystopique, Elon Musk semble le trouver excitant. Sa mission de colonisation de Mars repose ainsi là-dessus. Bien sûr, le multimilliardaire n'est pas seul et s'inscrit dans une tendance à l'*hubris* dans toute la Silicon Valley. Fortes de leurs succès à partir des années

26. Jill LEPORE, *New York Times*, 2021, *https://www.nytimes.com/2021/11/04/opinion/elon-musk-capitalism.html.*

1990, les entreprises technologiques sont devenues des mastodontes financiers et, par extension, des « maîtres du monde » imposant leurs règles. Dans le même temps, elles ont commencé à évoquer leur mission, avec un vocable tout américain qui surjoue l'ambition éthique pour mieux minimiser l'objectif pécuniaire. Google, le géant de la publicité qui a écrasé toute concurrence, se dit par exemple « engagé à améliorer de manière significative la vie du plus grand nombre ». Le réseau social Facebook, épinglé une multitude de fois pour sa tendance à espionner ses utilisateurs, promet de « rendre le monde plus ouvert ». Tandis que Microsoft, plusieurs fois condamné pour son monopole, veut « permettre à chacun de réaliser ses ambitions ».

Pas assez dithyrambique? En 2010, Google a lancé son laboratoire de recherches et développement appelé « X » ; il dit qu'il « crée de nouvelles technologies radicales pour résoudre certains des problèmes les plus difficiles au monde ». Avant d'admettre, en petits caractères, que le job consiste à « générer des entreprises pour Alphabet », la maison-mère de Google. Promettre de sauver le monde afin d'accroître son business en somme. Elon Musk s'inscrit dans cette logique toute californienne de promettre le salut. Pas de travailler à réduire les inégalités sociales qui explosent partout dans le monde, mais bien de lutter contre la menace d'une future « extinction ». Sa position est claire : « Nous devons préserver l'avenir de la vie en passant à une énergie durable sur Terre et en devenant [une espèce] multiplanétaire *via* [la planète] Mars[27]. » Musk ne promet

27. Elon Musk, message sur Twitter/X.com, 4 juillet 2019, *https://twitter.com/elonmusk/status/1146556923614941186*.

rien de moins que le salut face à une apocalypse à venir. Le philosophe Éric Sadin, critique de longue date de l'esprit de la Silicon Valley, analyse la mécanique : « En tant qu'être humain, nous éprouvons le besoin viscéral d'être en adoration de figures de sauveurs. L'histoire est ponctuée par ces sortes de demi-dieux qui semblent dotés du pouvoir de remédier à toutes les difficultés d'une époque. Plutôt que de nous atteler à transformer collectivement les choses, nous préférons nous en remettre à ceux qui promettent des lendemains qui chantent pour supposément mieux régir le cours de nos vies. Or il est aujourd'hui patent que, depuis deux décennies, notre naïveté a fait le jeu du mépris du bien commun, de la lutte contre les inégalités et de toute régulation[28]. »

Les actionnaires de Tesla ne souscrivent pas tant à la proposition d'un constructeur de voitures de luxe électriques, mais plutôt à cette idée d'une entreprise technologique en voie de résoudre le réchauffement climatique. En absorbant les promesses de futures révolutions techniques permettant de sauver l'humanité, la Bourse a fait s'envoler financièrement le fabricant d'automobiles, en oubliant de scruter ses réelles avancées et la réalité du calendrier de ses livraisons. Tout ce qui compte, c'est de « croire » aux promesses d'Elon Musk, sur la seule foi de ses succès économiques. Et, quand il insiste en arguant qu'« il y a 100 % de chance d'extinction de toutes les espèces

28. Boris Manenti, *L'Obs*, 2022, *https://www.nouvelobs.com/numerique/20220826.OBS62403/elon-musk-personnifie-a-l-extreme-cette-ideologie-geeko-libertarienne.html.*

[sur Terre] à cause de l'expansion du Soleil[29], à moins que l'humanité ne rende la vie multiplanétaire[30] », c'est ne pas interroger (ou écouter les spécialistes interroger) ses dires. C'est le suivre dans ce rôle de « gourou » dans des actions qui, en attendant l'apocalypse, n'ont de cesse de l'enrichir. Difficile de ne pas y voir un parallèle avec la mégalomanie du techno-milliardaire caricaturé dans le film d'Adam McKay *Don't Look Up*, qui contrôle jusqu'à la présidente des États-Unis, et au final mène l'humanité à sa perte (sauf quelques très riches).

Éric Sadin encore : « Depuis une quarantaine d'années, le *credo* néolibéral a imposé le principe selon lequel le premier vecteur de transformation vertueuse du monde serait le secteur privé. Il serait, en tout domaine, le plus efficace, le plus inventif et, par extension, le moteur du bon dynamisme de la société. À l'inverse, tout ce qui relèverait des institutions publiques serait frappé de léthargie. La délibération et le choix politique ne pouvant conduire qu'à des dérives, étant ineptes à se charger de la bonne organisation des affaires collectives. Cette idéologie d'esprit libertarien – qui a essaimé de par le monde – présume que toute évolution majeure, au fond, ne dépend que de la vision pénétrante de quelques individus mus par leurs propres intérêts et dont nous tous finirions par bénéficier. Cet axiome fait écho au mythe du self-made-man, que toute success-story ne tient qu'à l'énergie d'un seul

29. Ce qui ne devrait pas arriver avant plusieurs milliards d'années, explique l'astronome Sylvie Carbit sur le site Numerama, *https://www.numerama.com/sciences/609543-par-quelles-etapes-passera-le-soleil-avant-de-mourir.html*.
30. Elon Musk, message sur Twitter/X.com, 16 janvier 2022, *https://twitter.com/elonmusk/status/1482552643343904770*.

homme, comme touché par la grâce. Elon Musk n'est pas un simple industriel comme l'était Rockefeller [le premier milliardaire du capitalisme américain], il incarne le mythe du techno-entrepreneur providentiel du XXIe siècle. Dans la mesure où les technologies numériques, dans leur croissance exponentielle, sont appelées à combler toutes nos déficiences. C'est plus que du solutionnisme, puisqu'il y a cette logique sous-jacente : Dieu n'a pas parachevé la création, le monde étant alors pétri de défauts. Et avant tout l'homme, qu'il convient sans cesse de parfaire. C'est à cette aune que l'on comprend le projet transhumaniste d'"améliorer" l'humain pour le sauver de ses tares – dont l'ultime serait la mort. Musk personnifie à l'extrême cette idéologie "geeko-libertarienne". »

Long-termiste

L'intéressé formule peu l'idéologie qui l'anime. Tout juste renvoie-t-il à *What We Owe to the Future* de William MacAskill en disant ceci : « Cela correspond étroitement à ma philosophie[31]. » Le livre de ce professeur écossais porte sur le « long-termisme », définit comme « l'idée selon laquelle influencer positivement l'avenir à long terme est une priorité morale clef de notre époque. Le long-termisme consiste à prendre au sérieux l'ampleur que pourraient avoir l'avenir et l'ampleur des enjeux liés à sa construction. » Rarement évoqué en France, ce concept est

31. Elon Musk, message sur Twitter/X.com, 2 août 2022, *https://twitter.com/elonmusk/status/1554335028313718784*.

une bizarrerie de la philosophie anglo-saxonne qui anime les discussions de la Silicon Valley et s'est retrouvé mis en lumière à la faveur d'échanges sur les risques de l'intelligence artificielle (IA), pour se voir finalement accolé à la pensée d'Elon Musk.

Le long-termisme est né sur le campus d'Oxford au milieu des années 2010, chez les chercheurs en éthique de la prestigieuse université, William MacAskill et Toby Ord. Ces derniers baignent dans l'utilitarisme de Jeremy Bentham, qui exige une recherche de bien-être pour le plus grand nombre, et dans le conséquentialisme, cette idée que la moralité de toute action ne se juge qu'à ses conséquences. Et sont déjà à l'origine de l'« altruisme efficace », mouvement qui vise à optimiser l'impact des dons aux organisations caritatives et, par extension, qui entend identifier les meilleurs moyens d'avoir un impact positif sur le monde. William MacAskill illustre souvent la philosophie long-termiste par un exemple tiré de son livre : « Supposons qu'au cours d'une randonnée, je laisse tomber une bouteille en verre sur le sentier et qu'elle se brise. Et supposons que si je ne le nettoie pas, plus tard, un enfant se coupera gravement sur les éclats. Pour décider de le nettoyer, le moment où l'enfant se coupera est-il important ? Dois-je me soucier de savoir si ce sera dans une semaine, une décennie ou un siècle ? Non. Un préjudice reste un préjudice, quel que soit le moment où il se produit. » Ainsi, comme les humains du futur sont potentiellement bien plus nombreux que ceux d'aujourd'hui, rien ne peut égaler la valeur des actions visant à accroître leurs chances de survie et de bien-être. Nick Bostrom, philosophe suédois et pape du long-termisme, insiste sur le fait que, dans l'Univers, l'intelligence humaine est un phénomène d'une rareté extraordinaire et qu'il faut tout faire pour éviter son extinction. En particulier face au développement de « risques existentiels » – guerre nucléaire ou biologique, pandémie incontrôlable ou intelligence artificielle incontrôlable. D'où cette idée de protéger la Terre coûte que coûte, mais aussi de potentiellement la quitter pour s'implanter ailleurs.

Le long-termisme apparaît comme une idéologie un brin timbrée mais animée des meilleures intentions du monde. Là où le bât blesse, c'est dans sa radicalité. À vouloir ne se préoccuper que du « potentiel humain », c'est-à-dire à assurer la survie des 99 % d'êtres humains pas encore nés, certains représentants de ce courant disent sans sourciller qu'il convient de laisser tomber une partie de la population actuelle (comprendre les pauvres). Nick Beckstead, l'un des pontes du mouvement, ne dit pas autre chose : « Sauver des vies dans les pays pauvres pourrait avoir des effets d'entraînement moindre que de sauver et d'améliorer des vies dans les pays riches. Pourquoi ? Les pays les plus riches produisent beaucoup plus d'innovation, et leurs travailleurs sont beaucoup plus productifs économiquement[32]. » On peut aussi évoquer le polémique de Nick Bostrom, capable de tout relativiser. Par exemple, les deux guerres mondiales qui, si elles ont causé des millions de morts, ont permis de développer de nouvelles technologies révolutionnaires. Ou le réchauffement climatique

32. Nick Beckstead, *On the Overwhelming Importance of Shaping the Far Future*, Rutgers University of New Jersey, 2013.

qui serait « un massacre gigantesque pour l'homme, mais [qu']un petit pas de côté pour l'humanité ». *Sic.*

La philosophe Alice Crary, professeure à la New School de New York, dénonce une « idéologie toxique [qui] fait tout pour éviter de critiquer le système politique et économique actuel[33] », pourtant responsable des risques de catastrophes. « Le long-termisme détourne l'attention des problèmes réels, comme le changement climatique ou la dévastation de l'environnement. » Auxquels on a envie d'ajouter la lutte contre les inégalités, largement délaissées par les long-termistes. Emile P. Torres, doctorant à l'université Leibniz de Hanovre, en Allemagne, et long-termiste repenti, va plus loin dans la critique : « Les long-termistes poursuivent un rêve techno-utopique précis : colonisation de l'espace, posthumanisme, immortalité, création de la population la plus large possible d'êtres humains, dont la majorité seront des esprits numériques. Tout ce qui peut faire obstacle à ce paradis est considéré comme un "risque existentiel". En bons utilitaristes qu'ils sont, la fin justifie les moyens. Utopie + utilitarisme, c'est la recette classique des pires drames de l'histoire, y compris des génocides. »

Voilà l'idéologie qui anime Elon Musk. Et, pour lui, il ne s'agit pas que de philosopher, puisqu'il traduit volontiers ces principes en produits concrets. On pense, bien sûr, à sa volonté de coloniser Mars, qu'il justifie parfois comme « une assurance contre l'extinction » : « Il existe de solides arguments humanitaires en faveur de rendre la vie multiplanétaire afin de sauvegarder l'existence de l'humanité

33. Pascal Riché, *L'Obs*, 2023, *https://www.nouvelobs.com/idees/20230514.OBS73291/le-long-termisme-ideologie-toxique.html.*

au cas où quelque chose de catastrophique se produirait, dit-il. Je pense que nous avons le devoir de maintenir la lumière de la conscience, de veiller à ce qu'elle perdure dans le futur[34]. » L'argumentaire grandiloquent long-termiste lui sert aussi à justifier à peu près tout et n'importe quoi. À l'image du rachat du réseau social Twitter, légitimé comme « une bataille pour l'avenir de la civilisation[35] ». Mais le plus marquant est certainement Neuralink, sa société de neurotechnologies, qui planche sur des implants cérébraux permettant de piloter un ordinateur « par la pensée ». Officiellement, l'objectif demeure thérapeutique et consiste à restaurer certaines capacités à des personnes atteintes de paralysies ou aveugles. C'est ce volet que l'Administration américaine a autorisé pour une expérimentation – chez une personne paralysée pour cause de lésion de la moelle épinière. Mais l'ambition de Musk n'est pas là. Lui entend plutôt « parvenir à une symbiose avec l'intelligence artificielle[36] », pour permettre aux humains de « fusionner avec l'IA », afin de ne pas être « laissés pour compte » à mesure que l'intelligence artificielle se développera.

Et DJ Seo, cofondateur de Neuralink, d'appuyer: « Réellement, l'objectif de long-terme est de rendre cette technologie accessible à des milliards de personnes, de libérer le potentiel humain et d'aller au-delà de nos

34. Ross Andersen, Aeon, 2014, *https://aeon.co/essays/elon-musk-puts-his-case-for-a-multi-planet-civilisation*.

35. Elon Musk, message sur Twitter/X.com, 29 novembre 2022, *https://twitter.com/elonmusk/status/1597405399040217088*.

36. Déclarations lors d'une conférence au siège de Neuralink, 16 juillet 2019, *https://www.vox.com/future-perfect/2019/7/17/20697812/elon-musk-neuralink-ai-brain-implant-thread-robot*.

capacités biologiques[37]. » L'expression d'un délire transhumaniste, cette philosophie qui prône l'usage des technologies pour améliorer les capacités physiques des individus et de lutter contre les maladies, voire de supprimer le vieillissement ou même la mort – Elon Musk s'est à plusieurs reprises déclaré fan des jeux vidéo *Deus Ex* qui racontent un futur dystopique où seuls les riches et puissants bénéficient des avancées technologiques. Et tant pis pour les conséquences actuelles, puisque l'ensemble s'inscrit dans le long-termisme, « pour le bien de l'humanité ». Ainsi, l'ONG Physicians Committee for Responsible Medicine (PCRM) a déposé une plainte contre Neuralink pour maltraitance animale lors des expérimentations, dénonçant la mort de plusieurs singes dans les laboratoires. L'agence Reuters a dénombré[38] environ mille cinq cents animaux tués depuis le début des expériences en 2018, dont plus deux cent quatre-vingt moutons, porcs et singes. Et nombre d'employés de la société rapportent que cela tient à la pression mise par Elon Musk, qui réclame sans cesse d'accélérer la recherche, pressurisant pour démultiplier les tests sans préparation et les chirurgies complexes réalisées à la va-vite. Le patron se défausse et assure que sa société ne fait appel qu'à des animaux « déjà proches de la mort[39] » – ce que dément le PCRM qui évoque quinze singes « en bonne santé » tués lors de chirurgies ou euthanasiés après

---

37. Ashlee VANCE, Bloomberg, 2023, *https://www.bloomberg.com/news/features/2023-11-07/elon-musk-s-neuralink-brain-implant-startup-is-ready-to-start-surgery.*
38. Rachael LEVY, Reuters, 2022, *https://www.reuters.com/technology/musks-neuralink-faces-federal-probe-employee-backlash-over-animal-tests-2022-12-05.*
39. Elon MUSK, message sur Twitter/X.com, 10 septembre 2023, *https://twitter.com/elonmusk/status/1700825786326896950.*

des problèmes avec leur implant. « Il semble évident pour tout le monde, sauf pour Elon Musk, que l'appareil Neuralink est dangereux, dénonce Ryan Merkley du PCRM. Maintenant, il induit délibérément les investisseurs et le public en erreur en mentant sur les expériences pratiquées sur des singes par l'entreprise. » Qu'importe tant que c'est long-termiste ?

Conclusion

Au XIXe siècle, Jean-Eugène Robert-Houdin, le plus célèbre magicien français, explique son art du boniment : « Ce n'est pas un discours, encore moins un sermon, une narration, une description. Le boniment est tout simplement la fable destinée à donner à chaque tour d'escamotage [de magie] l'apparence de la vérité[1]. » Cette mécanique de l'illusion s'applique parfaitement à Elon Musk. Tout au long de sa vie, et encore aujourd'hui, il n'a de cesse de raconter des fables, mêlant technologie, science-fiction et promesses libertariennes, pour mieux bâtir son mythe et, par extension, son succès. Celui-ci est bien sûr d'abord financier. Mais l'*hubris*, la démesure égotique de l'homme, tend à laisser penser que son moteur réside plutôt dans la course au prestige. Rien ne lui plaît plus qu'être adulé. Il veut être à la fois l'incarnation du Rêve américain, du self-made-man devenu le plus riche du monde, une *rock star* qui enflamme ses aficionados, un

1. Jean-Eugène ROBERT-HOUDIN, *Confidences et révélations : comment on devient sorcier*, 1868.

super-héros qui protège l'humanité, et enfin un gourou techno-philosophique aux multiples préceptes.

Sauf qu'à regarder de plus près, on perçoit les ficelles. À approfondir ses discours et ses actes, on perçoit que tout n'est qu'illusion. Croire ce que dit Elon Musk, c'est tomber dans le piège d'une idéologie nauséabonde, profondément réactionnaire, classiste, anti-progrès sociaux, complotiste, et outrepassant régulièrement la ligne rouge des discours haineux. Si cela s'inscrit dans un dogme conservateur et un projet politique d'extrême droite, le magnat ne court pas tant après la révolution des institutions que son trip égotique. Son narcissisme atteint des sphères stratosphériques, et finalement, tout ce qu'il entreprend n'est là que pour flatter sa petite personne, pour maintenir son empire financier et rester au sommet, en incontournable du monde. Un exemple est révélateur des priorités de celui que son biographe présente comme « le père de l'année[2] »: à l'été 2022, le multimilliardaire embarque quatre de ses enfants pour le Vatican, en Italie, afin de rencontrer le pape François. En vantard invétéré, Musk partage immédiatement la photo sur Twitter. Les garçons sont contrariés, l'un d'eux fond en larmes, et c'est dans la discussion WhatsApp qu'ils ont avec leur père qu'ils lui réclament de ne plus publier de photos d'eux sans leur permission. Vexé, le paternel rétorque que tout le monde rentre aux États-Unis. Et, puéril, quitte la conversation de groupe.

Le rachat de Twitter a fissuré son masque de génie visionnaire pour laisser apparaître le tyran d'extrême droite assis sur une montagne de mensonges. S'il se perçoit en

2. Walter Isaacson, *op. cit.*

conquérant du monde, en Alexandre le Grand des temps modernes, Elon Musk n'est qu'un illusionniste multipliant les bobards, depuis ses présentations de technologies jusqu'à ses relations humaines, aussi bien dans ses licenciements secs peu justifiés que dans son management dictatorial d'un autre temps. Pourquoi? La popularité. L'analyse est de son père, Errol Musk, qui partage combien son fils aîné a toujours été animé d'un désir de séduction, d'une envie de plaire, lui le frustré d'avoir été tant rejeté par les jeunes Sud-Africaines. Un exemple sans aucun lien: toujours à l'été 2022, alors qu'il effectue l'une de ses visites d'inspection dans une usine SpaceX, il s'interrompt et détale en courant devant toutes les équipes, confuses. « Il fait ça pour que tout le monde voie à quel point il se démène[3] », tacle un ingénieur à son biographe, présent. L'intéressé confirme ensuite: « C'est vrai que si les troupes voient leur général sur le champ de bataille, elles se sentent motivées. Partout où Napoléon se montrait, c'était aussi là que ses armées combattaient le mieux. » L'outrance est totale, le parallèle aberrant. Reste à savoir quel sera le numéro final du showman Elon Musk. Un départ en beauté pour Mars, où il souhaite finir sa vie? Ou bien un désintérêt de l'opinion lassée de toutes ses gesticulations?

---

3. Walter Isaacson, *op. cit.*

Chronologie

28 juin 1971 : naissance d'Elon Reeve Musk à Pretoria, en Afrique du Sud.

1988 : il obtient la nationalité canadienne et part vivre au Canada. il étudie à l'université Queen's.

1992 : il part aux États-Unis et étudie à l'université de Pennsylvanie.

1995 : il fonde sa première start-up, Zip2, avec son frère Kimbal, en Californie. Sa revente lui rapporte 22 millions de dollars.

1999 : il cofonde la banque en ligne X.com, qui fusionne l'année suivante avec son concurrent PayPal. L'ensemble sera racheté par eBay en 2002 pour 1,5 milliard de dollars – Musk empoche 250 millions.

2000 : il épouse Justine Wilson, une auteure canadienne qui racontera leur quotidien sur son blog. Ils auront six enfants. Ils divorceront en 2008.

2002 : il fonde Space Exploration Technologies (SpaceX), qui développe les fusées réutilisables et deviendra un prestataire de la NASA.

2004 : il devient le principal actionnaire de Tesla Motors, dont il prendra la direction ensuite.

2006 : il aide ses cousins Peter et Lyndon Rive à créer leur société de panneaux solaires, SolarCity, et s'impose en président et principal actionnaire. Dix ans plus tard, l'entreprise est rachetée par Tesla et en devient une filiale.

2013 : il présente Hyperloop, un projet de train subsonique.

2015 : il participe au financement initial d'OpenAI, qui développe de l'intelligence artificielle (IA), dont Chat-GPT.

2016 : il fonde The Boring Company, société de tunnels.

2016 : il cofonde Neuralink, start-up spécialisée dans les implants cérébraux, afin de relier humains et machines.

2016 : il devient conseiller du Président américain Donald Trump.

2018 : il officialise sa relation avec la chanteuse canadienne Grimes. Ils auront trois enfants.

2021 : il devient l'homme le plus riche du monde.

2022 : il a deux enfants avec Shivon Zilis, cadre de Neuralink.

2022 : il organise le rachat du réseau social Twitter pour 44 milliards de dollars, fournissant les trois quarts de la somme.

2023 : il lance son propre modèle d'intelligence artificielle (IA), baptisé Grok, *via* une nouvelle société, xAI.

Table

Achevé d'imprimer par Rotativas de Estella,
en avril 2024
Dépôt légal : avril 2024

Imprimé en Espagne